하루 10분

초등 문해력

한자 어휘편

글 이미선 · 그림 은소시

1단계

미래주니어

이 책의 구성

❶ 눈과 손으로 익히기
한자 찾기 놀이로 배울 한자를 눈으로 익히고, 따라 쓰면서 한자의 모양을 손으로 익혀요.

❷ 어휘 속 한자 찾기
교과 어휘 5개를 따라 쓰고, 어휘 속에서 한자가 어떤 뜻으로 쓰이는지 알아보세요.

❸ 교과 어휘 익히기
교과서에서 선별한 어휘의 뜻을 알아보고, 예문 속 빈칸 채우기로 어휘를 활용해요.

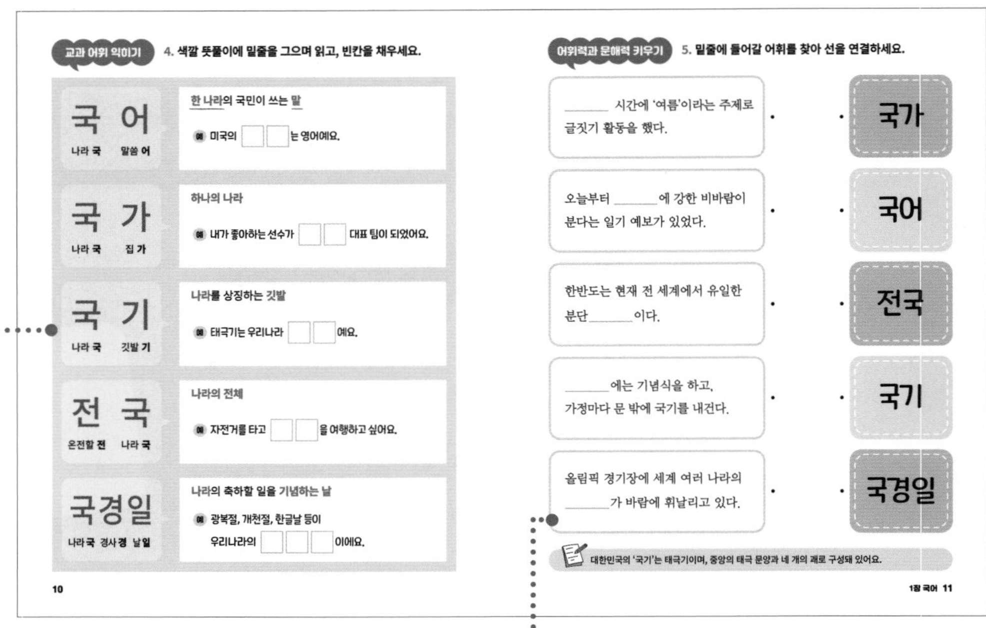

❹ 어휘력과 문해력 키우기
다양한 예문을 통해 어휘의 쓰임을 익히면서 어휘력과 문해력을 키워요.

❺ 어휘 복습하기

과목을 마칠 때마다 초성 퀴즈, 빈칸 채우기, 어휘 퍼즐 등으로 학습한 어휘를 재미있게 복습해요.

이 책의 특징

1. 국어, 사회, 수학, 과학, 예체능의 교과서 속 필수 어휘 수록

초등 교과서를 분석해 30일 분량의 핵심 한자와 관련 교과 어휘를 선별했습니다.
주요 교과목과 학교생활에서 접하는 생활 어휘도 함께 알아보았습니다.

2. 하루에 1개 한자, 5개 어휘씩 30일 완성하는 커리큘럼

매일 1개의 핵심 한자를 주제로 5개의 교과 어휘를 30일간 학습하는 교육 과정입니다. 한자 어휘의 의미를 익히면 교과서에서 만나는 낯선 어휘도 유추할 수 있는 힘이 자연스럽게 길러집니다.

3. 체계적인 단계별 학습으로 아이 스스로 자기주도학습 가능

본문은 같은 모양의 한자 찾기로 부담 없이 어휘 학습을 시작합니다. 어휘에 공통으로 들어가는 한자의 뜻 찾기, 한자 어휘 따라쓰기, 예문으로 활용하기 등으로 단계별 자기주도학습이 가능한 교재입니다.

차례

1장 국어

2장 사회

3장
수학·과학

4장
예체능·학교생활

1장

국어

1일차 **國** 나라 국

국어 | **국**가 | **국**기 | 전**국** | **국**경일

2일차 **作** 지을 작

작가 | **작**품 | **작**문 | 창**작** | 저**작**권

3일차 **童** 아이 동

동화 | **동**시 | **동**요 | **동**심 | 아**동**

4일차 **心** 마음 심

진**심** | 욕**심** | 결**심** | 호기**심** | 자존**심**

5일차 **文** 글월 문

문장 | **문**단 | **문**학 | 기행**문** | 감상**문**

6일차 **語** 말씀 어

어휘 | 언**어** | 표준**어** | 외래**어** | 관용**어**

7일차 **字** 글자 자

자막 | 문**자** | 점**자** | 한**자**어 | 천**자**문

월 일

國 나라 국

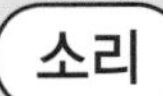

눈으로 익히기 1. 國(나라 국)과 같은 한자에 ○표 하세요.

作 童 心 童 心 作

心 作 國 童 國

心 童 作

國 國

作 童

國 心

5개를 찾으세요!

쓰면서 익히기 2. 한자를 소리 내어 읽고 따라 쓰세요.

쓰는 순서	丨 冂 冃 冋 同 同 同 國 國 國 國			
國	國	國		
나라 국	나라 국	나라 국		

어휘 속 한자 찾기 3. 어휘를 따라 쓰고 國에 해당하는 뜻에 ○표 하세요.

國(나라 **국**) 어(말씀 **어**)	국어	한 나라의 국민이 쓰는 말
國(나라 **국**) 가(집 **가**)	국가	하나의 **나라**
國(나라 **국**) 기(깃발 **기**)	국기	**나라**를 상징하는 깃발
전(온전할 **전**) 國(나라 **국**)	전국	**나라**의 전체
國(나라 **국**) 경(경사 **경**) 일(날 **일**)	국경일	**나라**의 축하할 일을 기념하는 날

교과 어휘 익히기 4. 색깔 뜻풀이에 밑줄을 그으며 읽고, 빈칸을 채우세요.

국 어

나라 **국** 말씀 **어**

한 나라의 국민이 쓰는 말

예 미국의 ☐☐는 영어예요.

국 가

나라 **국** 집 **가**

하나의 나라

예 내가 좋아하는 선수가 ☐☐ 대표 팀이 되었어요.

국 기

나라 **국** 깃발 **기**

나라를 상징하는 깃발

예 태극기는 우리나라 ☐☐예요.

전 국

온전할 **전** 나라 **국**

나라의 전체

예 자전거를 타고 ☐☐을 여행하고 싶어요.

국경일

나라 **국** 경사 **경** 날 **일**

나라의 축하할 일을 기념하는 날

예 광복절, 개천절, 한글날 등이
우리나라의 ☐☐☐이에요.

어휘력과 문해력 키우기 **5. 밑줄에 들어갈 어휘를 찾아 선을 연결하세요.**

________ 시간에 '여름'이라는 주제로 글짓기 활동을 했다.	•	•	국가
오늘부터 ________에 강한 비바람이 분다는 일기 예보가 있었다.	•	•	국어
한반도는 현재 전 세계에서 유일한 분단________이다.	•	•	전국
________에는 기념식을 하고, 가정마다 문 밖에 국기를 내건다.	•	•	국기
올림픽 경기장에 세계 여러 나라의 ________가 바람에 휘날리고 있다.	•	•	국경일

대한민국의 '국기'는 태극기이며, 중앙의 태극 문양과 네 개의 괘로 구성돼 있어요.

월 일

作은 짓다, 만들다,
창작하다는 뜻이 있어요.

作 지을 작

뜻 소리

눈으로 익히기 1. 作(지을 작)과 같은 한자에 ○표 하세요.

心 作 文 作 文 作 心
文 心 童 童 文
童 作 童 心
童 心 文 作

5개를 찾으세요!

쓰면서 익히기 2. 한자를 소리 내어 읽고 따라 쓰세요.

쓰는 순서	丿 亻 亻 作 作 作 作			
作	作	作		
지을 작	지을 작	지을 작		

어휘 속 한자 찾기 3. 어휘를 따라 쓰고 作에 해당하는 뜻에 ○표 하세요.

作 가 (지을 작, 집 가)	작가	문학 작품, 사진, 그림 등의 예술품을 **만드는** 사람
作 품 (지을 작, 물건 품)	작품	창작 활동으로 **만든** 물건이나 예술 작품
作 문 (지을 작, 글월 문)	작문	글을 **지음**
창 作 (시작할 창, 지을 작)	창작	어떤 것을 처음으로 **만듦**
저 作 권 (지을 저, 지을 작, 권리 권)	저작권	자신이 **만든** 저작물에 대해서 갖는 권리

교과 어휘 익히기

4. 색깔 뜻풀이에 밑줄을 그으며 읽고, 빈칸을 채우세요.

작 가 지을 **작** 집 **가**	문학 작품, 사진, 그림 등의 **예술품을 만드는 사람** 예 ☐☐의 상상력은 끝이 없어요.
작 품 지을 **작** 물건 **품**	창작 활동으로 **만든 물건이나 예술 작품** 예 그의 ☐☐이 대회에서 대상으로 뽑혔어요.
작 문 지을 **작** 글월 **문**	**글을 지음** 예 오늘까지 ☐☐ 숙제를 제출해야 해요.
창 작 시작할 **창** 지을 **작**	어떤 것을 **처음으로 만듦** 예 그는 새로운 작품을 ☐☐했어요.
저작권 지을 **저** 지을 **작** 권리 **권**	자신이 **만든 저작물**에 대해서 갖는 **권리** 예 창작물에는 ☐☐☐이 있어요.

어휘력과 문해력 키우기

5. 밑줄에 들어갈 어휘를 찾아 선을 연결하세요.

선생님께서 가족에 대한 ______을 해 오라는 숙제를 내주셨다.	• •	작품
이 소설 ______은 여러 나라의 언어로 번역되었다.	• •	작문
나는 동화 ______가 되기 위해 매일 글쓰기 연습을 한다.	• •	작가
오늘 열린 ______ 동요 발표회에서 친구들과 함께 노래를 불렀다.	• •	저작권
음악이나 영화의 불법 다운로드는 ______을 침해하는 행위이다.	• •	창작

인터넷에서 이미지를 사용할 때는 '저작권'을 확인하고, 무료 이미지가 있는 사이트를 이용해보세요.

3일차

월 일

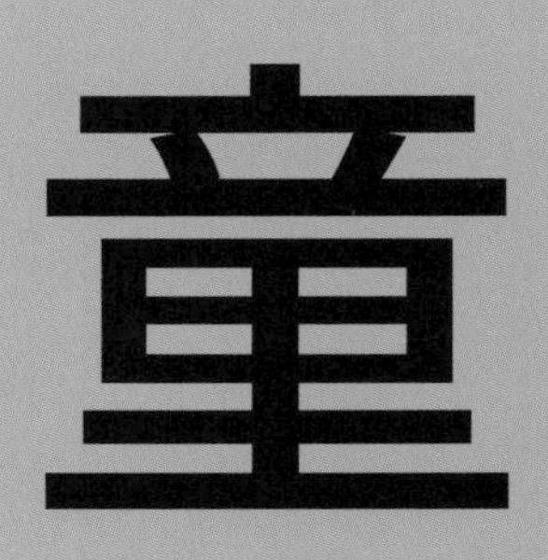

童 아이 동

뜻 소리

눈으로 익히기

1. 童(아이 동)과 같은 한자에 ○표 하세요.

童 文 語 文 語 童

語

童 心 文 心

語

文 童

心 國

心 童 語 文

쓰면서 익히기 **2. 한자를 소리 내어 읽고 따라 쓰세요.**

쓰는 순서	亠 亠 亣 产 产 音 音 音 音 音 童 童			
童	童	童		
아이 동	아이 동	아이 동		

어휘 속 한자 찾기 **3. 어휘를 따라 쓰고 童에 해당하는 뜻에 ○표 하세요.**

童(아이 동) 화(말할 **화**)	동화	어린이를 위해 지은 이야기
童(아이 동) 시(시 **시**)	동시	**어린이**의 마음과 감정을 표현한 시
童(아이 동) 요(노래 **요**)	동요	**어린이**의 마음과 감정을 담아 지은 노래
童(아이 동) 심(마음 **심**)	동심	**아이**의 마음
아(아이 **아**) 童(아이 동)	아동	나이가 적은 **아이**

교과 어휘 익히기

4. 색깔 뜻풀이에 밑줄을 그으며 읽고, 빈칸을 채우세요.

동 화

아이 **동** 말할 **화**

어린이를 위해 지은 이야기

예 □□ 속 주인공이 되고 싶어요.

동 시

아이 **동** 시 **시**

어린이의 마음과 감정을 표현한 시

예  를 읽으면 마음이 따뜻해져요.

동 요

아이 **동** 노래 **요**

어린이의 마음과 감정을 담아 지은 노래

예 피아노 반주에 맞춰 □□ 를 불렀어요.

동 심

아이 **동** 마음 **심**

아이의 마음

예 □□ 을 잃지 말고 꿈을 키우세요.

아 동

아이 **아** 아이 **동**

나이가 적은 아이

예 어른들은  을 보호해야 하는 의무가 있어요.

어휘력과 문해력 키우기

5. 밑줄에 들어갈 어휘를 찾아 선을 연결하세요.

우리 반 친구들이 한 학기 동안 쓴 ______를 묶어 모음집을 냈다.	• •	동요
음악 시간에 배운 ______를 집에서도 신나게 따라 불렀다.	• •	동화
옛날부터 전해져 내려오는 이야기를 전래 ______라고 한다.	• •	동시
그녀는 다른 나라의 어렵게 사는 결식 ______을 꾸준히 돕고 있다.	• •	아동
동시는 ______을 바탕으로 어린이의 생각과 느낌을 담아야 한다.	• •	동심

어린이날(5월 5일)은 방정환 할아버지가 어린이들을 위해 만든 특별한 날이에요.

월 일

마음 심

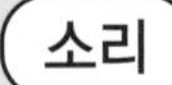

눈으로 익히기 **1. 心(마음 심)과 같은 한자에 ○표 하세요.**

字 語 心 作 語 心 字

心 字 文 心 文

文 語 文 字

文 字 心 語

5개를 찾으세요!

쓰면서 익히기 2. 한자를 소리 내어 읽고 따라 쓰세요.

쓰는 순서	丿 心 心 心			
心	心	心		
마음 심	마음 심	마음 심		

어휘 속 한자 찾기 3. 어휘를 따라 쓰고 心에 해당하는 뜻에 ○표 하세요.

진 心 참 **진** 마음 **심**	진심	거짓이 없는 참된 **마음**
욕 心 하고자 할 **욕** 마음 **심**	욕심	지나치게 무엇을 탐내는 **마음**
결 心 결단할 **결** 마음 **심**	결심	어떤 일을 하기로 굳게 정한 **마음**
호 기 心 좋을 **호** 기이할 **기** 마음 **심**	호기심	좋아하거나 신기한 것을 알고 싶어 하는 **마음**
자 존 心 스스로 **자** 높을 **존** 마음 **심**	자존심	남에게 굽히지 않고 스스로를 높이는 **마음**

교과 어휘 익히기

4. 색깔 뜻풀이에 밑줄을 그으며 읽고, 빈칸을 채우세요.

진 심

참 **진** 마음 **심**

거짓이 없는 **참된 마음**

예 친구에게 □□으로 사과했어요.

욕 심

하고자 할 **욕** 마음 **심**

지나치게 무엇을 **탐내는 마음**

예 □□을 내지 않고 동생에게 양보했어요.

결 심

결단할 **결** 마음 **심**

어떤 일을 하기로 **굳게 정한 마음**

예 매일 열심히 운동하기로 □□했어요.

호기심

좋을 **호** 기이할 **기** 마음 **심**

좋아하거나 신기한 것을 알고 싶어 하는 마음

예 이야기를 듣고 □□□이 생겨 질문했어요.

자존심

스스로 **자** 높을 **존** 마음 **심**

남에게 굽히지 않고 **스스로를 높이는 마음**

예 친구 앞에서 □□□이 상해서 속상했어요.

어휘력과 문해력 키우기 **5. 밑줄에 들어갈 어휘를 찾아 선을 연결하세요.**

친구의 말에 ______이 상했지만 싸우지 않으려고 노력했다.	욕심
______ 많은 놀부는 동생을 질투해서 제비의 다리를 부러뜨렸다.	자존심
어버이날에 부모님께 ______을 담아 편지를 써서 드렸다.	결심
그는 이번에 맡은 일을 잘 해내리라 굳게 ______했다.	진심
아이는 개미를 발견하더니 ______이 가득 찬 눈으로 들여다보았다.	호기심

'욕심'을 다루는 방법은 내가 지금 가진 것에 감사하는 마음을 갖는 거예요.

5일차

월 일

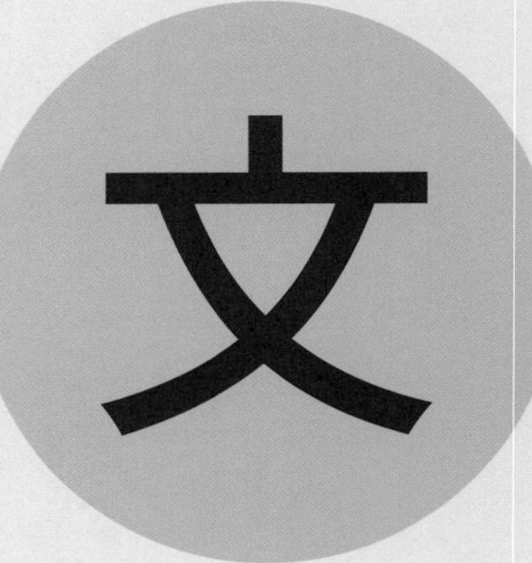

‘글월’은 글이나
문장이라는 뜻이에요.

글월 문

뜻 소리

눈으로 익히기 **1. 文(글월 문)과 같은 한자에 ◯표 하세요.**

語 字 家 字 家 語
家
語 文 字 文
家
字 語
文 文
語 字
文 家

5개를
찾으세요!

쓰면서 익히기 **2. 한자를 소리 내어 읽고 따라 쓰세요.**

쓰는 순서	丶 亠 ナ 文			
文	文	文		
글월 문	글월 문	글월 문		

어휘 속 한자 찾기 **3. 어휘를 따라 쓰고 文에 해당하는 뜻에 ○표 하세요.**

文 장 글월 문 / 글 **장**	문장	생각이나 느낌을 **글**로 표현하는 가장 작은 단위
文 단 글월 문 / 구분할 **단**	문단	여러 문장으로 하나의 생각을 나타낸 **글**의 덩어리
文 학 글월 문 / 배울 **학**	문학	**글**로 표현한 예술 작품
기 행 文 기록할 **기** / 다닐 **행** / 글월 문	기행문	여행하면서 경험하고 느낀 것을 적은 **글**
감 상 文 느낄 **감** / 생각 **상** / 글월 문	감상문	작품을 감상한 후에 느낀 점을 쓴 **글**

교과 어휘 익히기

4. 색깔 뜻풀이에 밑줄을 그으며 읽고, 빈칸을 채우세요.

문 장 글월 **문** 글 **장**	생각이나 느낌을 글로 표현하는 가장 작은 단위 예 글을 쓴 다음 어색한 □□을 고쳤어요.
문 단 글월 **문** 구분할 **단**	여러 문장으로 하나의 생각을 나타낸 글의 덩어리 예 □□을 시작할 때는 한 칸 들여쓰기를 해요.
문 학 글월 **문** 배울 **학**	글로 표현한 예술 작품 예 □□ 작품 속에는 다양한 인물이 등장해요.
기행문 기록할 **기** 다닐 **행** 글월 **문**	여행하면서 경험하고 느낀 것을 적은 글 예 가족과 여행을 다녀온 뒤 □□□을 썼어요.
감상문 느낄 **감** 생각 **상** 글월 **문**	작품을 감상한 후에 느낀 점을 쓴 글 예 책을 읽고 □□□을 발표했어요.

어휘력과 문해력 키우기

5. 밑줄에 들어갈 어휘를 찾아 선을 연결하세요.

______은 중심 문장과 뒷받침 문장으로 이루어져 있다.	• •	문장
______ 작품은 시, 소설, 희곡, 수필 등 다양한 종류가 있다.	• •	문단
책이나 영화, 음악 등을 보고, 듣고, 느낀 것을 바탕으로 ______을 쓴다.	• •	문학
여행하면서 찍은 사진과 입장권을 덧붙여서 ______을 쓴다.	• •	감상문
모든 ______ 끝에는 마침표나 느낌표, 물음표 중 하나가 있다.	• •	기행문

글을 쓸 때 각 '문단'에 무엇을 쓸지 주제를 먼저 정해 놓으면 글쓰기가 쉬워요.

월 일

말씀 어

뜻 소리

눈으로 익히기

1. 語(말씀 어)와 같은 한자에 ○표 하세요.

字 語 食 語 食 語 字

食 字 家 家 食

家 語 家 字

家 字 食 語

5개를 찾으세요!

쓰면서 익히기

2. 한자를 소리 내어 읽고 따라 쓰세요.

쓰는 순서	一 二 三 言 言 言 言 言 訂 訂 語 語 語 語			
語	語	語		
말씀 어	말씀 어	말씀 어		

어휘 속 한자 찾기

3. 어휘를 따라 쓰고 語에 해당하는 뜻에 ○표 하세요.

한자	따라 쓰기	뜻
語 (말씀 어) 휘 (무리 휘)	어휘	일정한 범위 안에서 쓰이는 **낱말**의 전체
언 (말씀 언) 語 (말씀 어)	언어	생각이나 느낌을 **말**이나 글로 전달하는 수단
표 (표할 표) 준 (준할 준) 語 (말씀 어)	표준어	한 나라에서 기준으로 정해 쓰는 **말**
외 (바깥 외) 래 (올 래) 語 (말씀 어)	외래어	외국에서 들어와 우리말처럼 쓰이는 **말**
관 (익숙할 관) 용 (쓸 용) 語 (말씀 어)	관용어	습관적으로 쓰는 **말**

교과 어휘 익히기

4. 색깔 뜻풀이에 밑줄을 그으며 읽고, 빈칸을 채우세요.

어 휘 말씀 **어** 무리 **휘**	일정한 범위 안에서 쓰이는 **낱말의 전체** 예 국어 시간에 □□ 퀴즈를 풀었어요.
언 어 말씀 **언** 말씀 **어**	생각이나 느낌을 **말이나 글**로 전달하는 수단 예 두 나라는 서로 다른 □□를 사용하고 있어요.
표준어 표할 **표** 준할 **준** 말씀 **어**	한 나라에서 **기준으로 정해 쓰는 말** 예 뉴스에서는 □□□를 사용해서 말해요.
외래어 바깥 **외** 올 **래** 말씀 **어**	**외국에서 들어와** 우리말처럼 **쓰이는 말** 예 영어에서 온 □□□가 많아요.
관용어 익숙할 **관** 쓸 **용** 말씀 **어**	**습관적으로 쓰는 말** 예 □□□를 사용하면 짧은 말로 효과적으로 표현할 수 있어요.

어휘력과 문해력 키우기

5. 밑줄에 들어갈 어휘를 찾아 선을 연결하세요.

영어, 일본어, 중국어 등 여러 가지 _______를 재미있게 배우고 있다.	• •	어휘
책을 읽으면서 어려운 _______는 국어사전을 찾아본다.	• •	언어
피자, 햄버거, 커피, 택시, 케이크는 우리말이 따로 없는 _______이다.	• •	표준어
'발 벗고 나서다'는 적극적으로 나서서 도와준다는 뜻의 _______이다.	• •	관용어
우리나라는 사람들이 두루 쓰는 서울말을 _______로 정했다.	• •	외래어

초콜릿, 케이크, 인터넷, 택시 등은 '외래어'이지만 이제는 '표준어'로 자리 잡았어요.

월 일

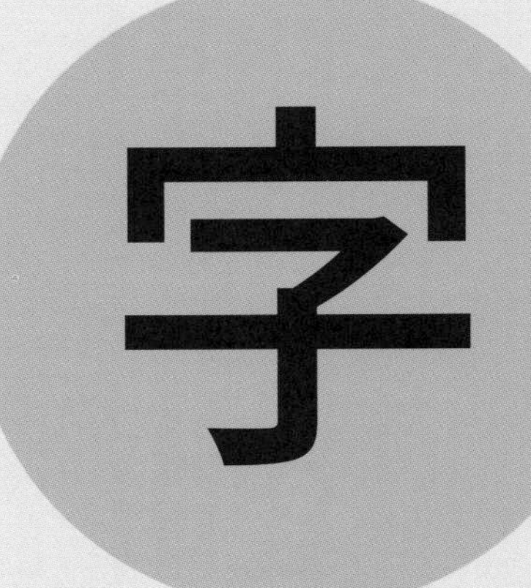

字 글자 자

뜻 소리

눈으로 익히기

1. 字(글자 자)와 같은 한자에 ○표 하세요.

字 家 韓 家 韓 字

韓

字 食 家 食

韓 家 字

食 食

食 字 韓 家

쓰면서 익히기 **2. 한자를 소리 내어 읽고 따라 쓰세요.**

쓰는 순서	丶 丷 宀 宀 字 字			
字	字	字		
글자 자	글자 자	글자 자		

어휘 속 한자 찾기 **3. 어휘를 따라 쓰고 字에 해당하는 뜻에 ○표 하세요.**

한자	따라 쓰기	뜻
字 막 글자 **자** 장막 **막**	자막	화면에 읽을 수 있게 비추는 **글자**
문 字 글월 **문** 글자 **자**	문자	언어를 눈으로 볼 수 있게 나타낸 **글자**
점 字 점 **점** 글자 **자**	점자	시각 장애인을 위해 점을 찍어 만든 **글자**
한 字 어 한나라 **한** 글자 **자** 말씀 **어**	한자어	한자(중국 **글자**)로 된 낱말
천 字 문 일천 **천** 글자 **자** 글월 **문**	천자문	1,000개의 **글자**로 만든 한자 교본

교과 어휘 익히기

4. 색깔 뜻풀이에 밑줄을 그으며 읽고, 빈칸을 채우세요.

자 막

글자 **자** 장막 **막**

화면에 읽을 수 있게 비추는 **글자**

예 영화 속 □□이 빨라서 읽기 힘들었어요.

문 자

글월 **문** 글자 **자**

언어를 눈으로 볼 수 있게 **나타낸 글자**

예 한글은 우리나라의 자랑스러운 □□예요.

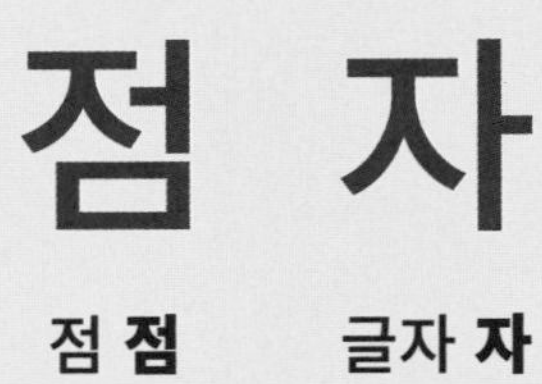

점 자

점 **점** 글자 **자**

시각 장애인을 위해 **점을 찍어 만든 글자**

예 □□는 볼록한 점으로 글자를 나타내요.

한자어

한나라 **한** 글자 **자** 말씀 **어**

한자(중국 글자)로 된 **낱말**

예 □□□를 배우면 어휘가 늘어요.

천자문

일천 **천** 글자 **자** 글월 **문**

1,000개의 글자로 만든 한자 교본

예 옛날 사람들은 □□□으로 한자를 배웠어요.

어휘력과 문해력 키우기 **5. 밑줄에 들어갈 어휘를 찾아 선을 연결하세요.**

문장	어휘
1,000개의 한자로 된 ________에는 옛날 사람들의 지혜가 담겨 있다.	한자어
________는 중국에서 온 말로, 우리말 속에 많이 쓰이는 단어이다.	천자문
________는 인간이 소통하기 위해 사용하는 중요한 도구이다.	자막
외국 영화에는 ________이 나와서 내용을 이해하기 쉽다.	점자
시각 장애인들은 손가락 끝으로 ________를 읽으며 글을 이해한다.	문자

조선 시대의 서당에서는 어린이들이 '천자문'을 배우면서 매일 외우고 쓰는 연습을 했어요.

어휘 복습하기

1. 빈칸에 한자 어휘를 한글로 쓰세요.

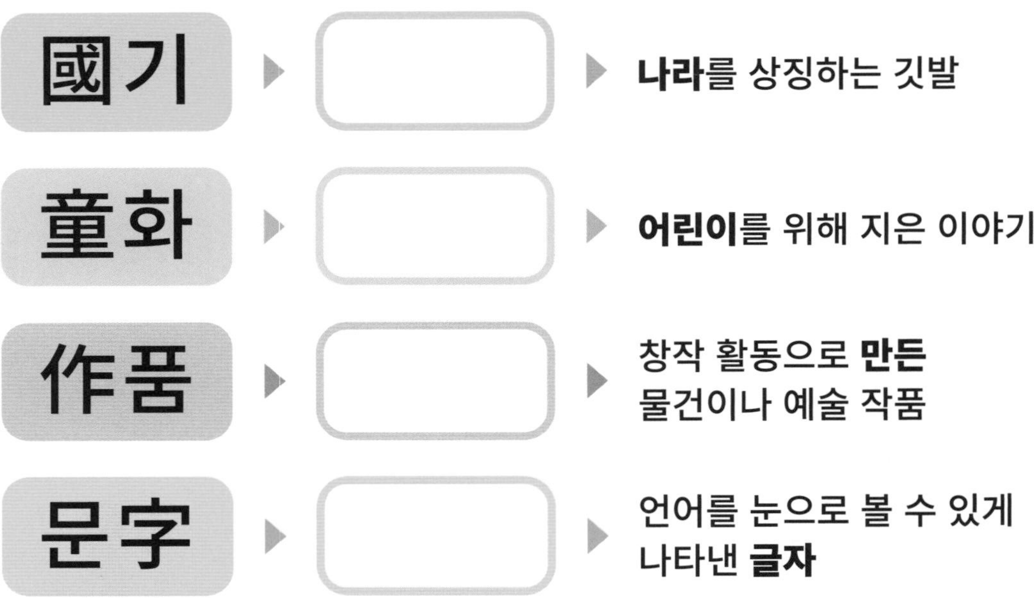

나라를 상징하는 깃발

어린이를 위해 지은 이야기

창작 활동으로 **만든** 물건이나 예술 작품

언어를 눈으로 볼 수 있게 나타낸 **글자**

2. 대화의 밑줄 친 곳에 공통으로 들어갈 어휘를 쓰세요.

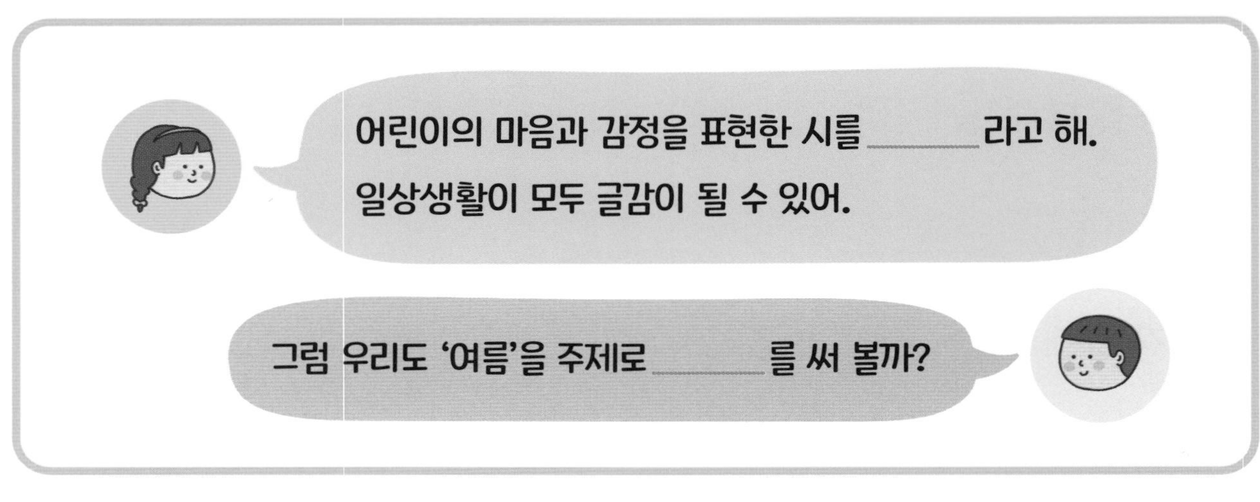

어린이의 마음과 감정을 표현한 시를 ______라고 해. 일상생활이 모두 글감이 될 수 있어.
그럼 우리도 '여름'을 주제로 ______를 써 볼까?

3. 빈칸에 알맞은 어휘를 보기에서 찾아 쓰세요.

보기	표준어	국어	문단

❶ [   ] 시간에 글쓰기에 대해 배우고 글짓기를 했다.

❷ 글을 쓸 때 [   ] 을 나누어 쓰면 이해하기 쉽다.

❸ 지역마다 사투리가 있지만, [   ] 는 전국에서 사용한다.

4. 초성을 보고 文(글월 문)이 들어가는 어휘를 쓰세요.

❶ ㄱ ㅎ ㅁ 에는 여행 중에 경험한 재미있는 일들이 담겨 있다.

❷ 영화를 보고 ㄱ ㅅ ㅁ 을 썼다. 주인공의 용기가 인상적이었다.

5. 다음 문장에 어울리는 어휘를 골라 ○표 하세요.

❶ 친구들과 함께 신나게 (**동요 / 동화**)를 따라 불렀다.

❷ 피자, 버스 같은 (**관용어 / 외래어**)는 우리말처럼 자주 사용된다.

6. 밑줄에 들어갈 어휘를 글자 카드에서 만들어 쓰세요.

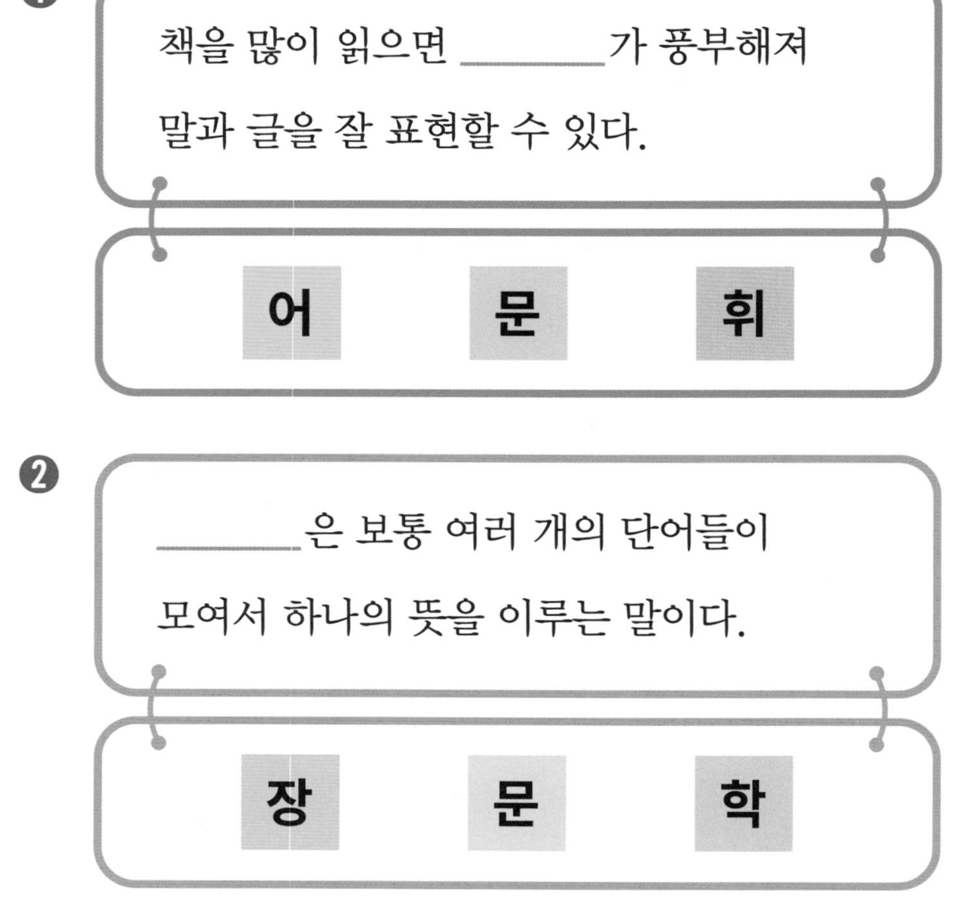

❶
책을 많이 읽으면 ______가 풍부해져 말과 글을 잘 표현할 수 있다.
어 문 휘
❷
______은 보통 여러 개의 단어들이 모여서 하나의 뜻을 이루는 말이다.
장 문 학

7. 가로 열쇠와 세로 열쇠의 뜻풀이를 읽고 퍼즐을 완성하세요.

①					②
③ 자 字			④		어 語
	⑤ 국 國				
				⑥	⑦ 작 作

가로 열쇠

3 화면에 읽을 수 있게 비추는 글자.

4 습관적으로 쓰는 말.

5 나라의 축하할 일을 기념하는 날.

6 어떤 것을 처음으로 만듦.

세로 열쇠

1 한자(중국 글자)로 된 낱말.

2 생각이나 느낌을 말이나 글로 전달하는 수단.

5 하나의 나라.

7 글을 지음.

2장

사회

8일차 家 집 가

가정 | **가**옥 | 초**가** | **가**계부 | 핵**가**족

9일차 食 밥 식

식사 | **식**당 | 간**식** | **식**생활 | 의**식**주

10일차 韓 한국 한

한복 | **한**옥 | **한**지 | **한**식 | **한**우

11일차 南 남녘 남

남북 | **남**해 | **남**극 | **남**극해 | **남**반구

12일차 石 돌 석

석탄 | **석**유 | **석**등 | **석**축 | **석**굴암

13일차 車 수레 차

차량 | 전**차** | 경**차** | 승**차** | 자동**차**

14일차 立 설 립

독**립** | 국**립** | 중**립** | 대**립** | 설**립**

15일차 軍 군사 군

군인 | 장**군** | 육**군** | 공**군** | 해**군**

월 일

집 가

뜻 소리

눈으로 익히기

1. 家(집 가)와 같은 한자에 ○표 하세요.

南 食 家 食 家 食 南

家 南 韓 韓 家

韓 食 韓 南

韓 南 家 食

5개를 찾으세요!

쓰면서 익히기 2. 한자를 소리 내어 읽고 따라 쓰세요.

쓰는 순서	家 (10획)			
家	家	家		
집 가	집 가	집 가		

어휘 속 한자 찾기 3. 어휘를 따라 쓰고 家에 해당하는 뜻에 ○표 하세요.

家(집 가) 정(뜰 **정**)	가정	한 가족이 생활하는 **집**
家(집 가) 옥(집 **옥**)	가옥	사람이 사는 **집**
초(풀 **초**) 家(집 가)	초가	짚이나 갈대를 엮어 지붕을 만든 **집**
家(집 가) 계(셀 **계**) 부(문서 **부**)	가계부	한 **집**의 수입과 지출을 적는 장부
핵(씨 **핵**) 家(집 가) 족(가족 **족**)	핵가족	부부와 결혼하지 않은 자녀로 구성된 **가족**

교과 어휘 익히기

4. 색깔 뜻풀이에 밑줄을 그으며 읽고, 빈칸을 채우세요.

가정

집 **가** 뜰 **정**

한 가족이 생활하는 집

예 우리는 □□에서 많은 것을 배우며 생활해요.

가옥

집 **가** 집 **옥**

사람이 사는 집

예 마을에 전통 □□이 여러 채 남아 있어요.

초가

풀 **초** 집 **가**

짚이나 갈대를 엮어 지붕을 만든 집

예 □□는 우리나라 전통 가옥 중 하나예요.

가계부

집 **가** 셀 **계** 문서 **부**

한 집의 수입과 지출을 적는 장부

예 엄마는 매일 □□□에 지출 내용을 적어요.

핵가족

씨 **핵** 집 **가** 가족 **족**

부부와 결혼하지 않은 자녀로 구성된 가족

예 □□□은 부모와 자녀만 살고,
대가족은 여러 세대가 함께 살아요.

어휘력과 문해력 키우기 **5. 밑줄에 들어갈 어휘를 찾아 선을 연결하세요.**

______은 가족 구성원들이 서로 도우면서 살아가는 곳이다.	• •	핵가족
______를 쓰면 돈의 쓰임을 쉽게 알 수 있어서 돈 관리를 잘할 수 있다.	• •	가계부
이번 홍수로 인해 많은 ______이 무너지고, 논밭이 물에 잠겼다.	• •	가옥
짚, 억새, 갈대 등을 엮어서 인 지붕을 ______ 지붕이라고 한다.	• •	초가
______은 현대 사회에서 많이 볼 수 있는 가족 형태 중 하나이다.	• •	가정

'가계부'를 쓰면 어떤 부분에서 지출이 많은지 알 수 있어서 돈 관리를 지혜롭게 할 수 있어요.

월 일

밥 식

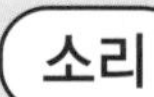

눈으로 익히기 **1. 食(밥 식)과 같은 한자에 ○표 하세요.**

韓 南 石 南 石 韓

石

韓 食 南 食

石

南 韓

食 食

韓 南

食 石

5개를 찾으세요!

쓰면서 익히기 **2. 한자를 소리 내어 읽고 따라 쓰세요.**

쓰는 순서	丿 𠆢 亼 今 今 今 食 食 食			
食	食	食		
밥 식	밥 식	밥 식		

어휘 속 한자 찾기 **3. 어휘를 따라 쓰고 食에 해당하는 뜻에 ○표 하세요.**

食(밥 식) 사(일 사)	식사	음식을 먹는 일
食(밥 식) 당(집 당)	식당	**음식**을 파는 집
간(사이 간) 食(밥 식)	간식	끼니와 끼니 사이에 먹는 **음식**
食(밥 식) 생(날 생) 활(살 활)	식생활	**음식**과 관련된 생활
의(옷 의) 食(밥 식) 주(집 주)	의식주	옷, **음식**, 집을 함께 이르는 말

교과 어휘 익히기 4. 색깔 뜻풀이에 밑줄을 그으며 읽고, 빈칸을 채우세요.

식 사

밥 **식** 일 **사**

음식을 먹는 일

예 □□ 후에는 항상 이를 깨끗이 닦아요.

식 당

밥 **식** 집 **당**

음식을 파는 집

예 이 □□은 맛집으로 소문나서 손님이 많아요.

간 식

사이 **간** 밥 **식**

끼니와 **끼니 사이에 먹는 음식**

예 하교 후에 집에 돌아와 □□을 먹어요.

식생활

밥 **식** 날 **생** 살 **활**

음식과 관련된 생활

예 바른 □□□과 규칙적인 운동이 건강을 유지하는 비결이에요.

의식주

옷 **의** 밥 **식** 집 **주**

옷, 음식, 집을 함께 이르는 말

예 가 잘 갖춰져야 편안하게 살 수 있어요.

어휘력과 문해력 키우기

5. 밑줄에 들어갈 어휘를 찾아 선을 연결하세요.

올바른 ______은 하루 세 끼를 규칙적으로 먹는 것이다.	식당
아침 ______는 건강에 중요하니 꼭 챙겨 먹어야 한다	식사
우리 가족은 집 근처에 새로 생긴 ______에서 외식을 했다.	식생활
운동을 하고 나서 ______으로 빵과 음료수를 맛있게 먹었다.	의식주
______는 우리가 살아가는 데 꼭 필요한 옷, 음식, 집을 말한다.	간식

미래의 '식사'는 스마트 주방에서 인공지능 셰프가 음식을 자동으로 요리해 줄 거예요.

월 일

韓 한국 한

뜻 

눈으로 익히기 **1. 韓(한국 한)과 같은 한자에 ○표 하세요.**

南 韓 車 韓 車 韓 南

車 南 石 車 石

石 韓 石 南

石 南 車 韓

5개를 찾으세요!

쓰면서 익히기 2. 한자를 소리 내어 읽고 따라 쓰세요.

쓰는 순서	十 𠃓 古 吉 吉 直 卓 卓 𠦝 𠦝 𠦝 𠦝 𠦝 𠦝 韓 韓			
韓	韓	韓		
한국 한	한국 한	한국 한		

어휘 속 한자 찾기 3. 어휘를 따라 쓰고 韓에 해당하는 뜻에 ○표 하세요.

韓(한국 한) 복(옷 복)	한복	**우리나라** 고유의 옷
韓(한국 한) 옥(집 옥)	한옥	**우리나라** 전통적인 방식으로 지은 집
韓(한국 한) 지(종이 지)	한지	**우리나라** 고유의 방법으로 만든 종이
韓(한국 한) 식(밥 식)	한식	**우리나라** 고유의 음식
韓(한국 한) 우(소 우)	한우	**우리나라** 고유의 소

교과 어휘 익히기

4. 색깔 뜻풀이에 밑줄을 그으며 읽고, 빈칸을 채우세요.

한 복 한국 **한** 옷 **복**	우리나라 고유의 옷 예 설날에 ☐☐을 입고 할머니께 세배를 드렸어요.
한 옥 한국 **한** 집 **옥**	우리나라 전통적인 방식으로 지은 집 예 ☐☐은 지붕의 곡선이 아름다워요.
한 지 한국 **한** 종이 **지**	우리나라 고유의 방법으로 만든 종이 예 ☐☐는 주로 닥나무 껍질로 만들어요.
한 식 한국 **한** 밥 **식**	우리나라 고유의 음식 예 외국인들이 좋아하는 ☐☐은 비빔밥과 불고기예요.
한 우 한국 **한** 소 **우**	우리나라 고유의 소 예 ☐☐로 만든 스테이크는 부드럽고 맛있어요.

어휘력과 문해력 키우기

5. 밑줄에 들어갈 어휘를 찾아 선을 연결하세요.

문장		어휘
________은 밥, 국, 반찬으로 구성되어 균형 잡힌 식사를 할 수 있다.	• •	한옥
________은 한국의 전통적인 집으로, 주로 나무와 흙으로 짓는다.	• •	한복
추석이나 설에는 가족이 ________을 곱게 차려입고 차례를 지낸다.	• •	한지
창호지나 부채, 공예품을 만드는 데 전통적인 ________를 사용한다.	• •	한우
________는 한국에서 자란 소이며, 고급 식재료로 쓰인다.	• •	한식

'한식'에는 김치와 같은 발효 음식이 많아서 건강에 좋고 오래 보관할 수 있어요.

월 일

남녘 남

뜻

소리

눈으로 익히기

1. 南(남녘 남)과 같은 한자에 ○표 하세요.

南 石 立 石 立 南
立
南 車 石 車
立 南
石 車 車
南 石
車 立

5개를
찾으세요!

쓰면서 익히기

2. 한자를 소리 내어 읽고 따라 쓰세요.

쓰는 순서	一 十 广 冇 冇 冇 冇 冇 南			
南	南	南		
남녘 남	남녘 남	남녘 남		

어휘 속 한자 찾기

3. 어휘를 따라 쓰고 南에 해당하는 뜻에 ○표 하세요.

南 북 (남녘 남 / 북녘 북)	남북	남쪽과 북쪽
南 해 (남녘 남 / 바다 해)	남해	**남쪽**에 있는 바다
南 극 (남녘 남 / 다다를 극)	남극	지구의 가장 **남쪽**에 있는 대륙
南 극 해 (남녘 남 / 다다를 극 / 바다 해)	남극해	남극(지구의 **남쪽** 끝)을 둘러싸고 있는 바다
南 반 구 (남녘 남 / 반 반 / 공 구)	남반구	적도를 경계로 지구를 둘로 나누었을 때 **남쪽** 부분

교과 어휘 익히기

4. 색깔 뜻풀이에 밑줄을 그으며 읽고, 빈칸을 채우세요.

남 북

남녘 **남** 북녘 **북**

남쪽과 북쪽

예 지도에서 □□ 방향을 알면 길 찾기가 쉬워요.

남 해

남녘 **남** 바다 **해**

남쪽에 있는 **바다**

예 우리나라의 □□에는 크고 작은 섬이 많아요.

남 극

남녘 **남** 다다를 **극**

지구의 가장 남쪽에 있는 **대륙**

예 □□ 대륙은 대부분 얼음과 눈으로 덮여 있어요.

남극해

남녘 **남** 다다를 **극** 바다 **해**

남극(지구의 남쪽 끝)을 둘러싸고 있는 **바다**

예 □□□에는 펭귄, 바다표범 같은 동물이 살고 있어요.

남반구

남녘 **남** 반 **반** 공 **구**

적도를 경계로 **지구를 둘로 나누었을 때 남쪽 부분**

예 오스트레일리아, 남아메리카는 □□□에 위치해요.

어휘력과 문해력 키우기 **5. 밑줄에 들어갈 어휘를 찾아 선을 연결하세요.**

문장		어휘
________ 대륙에 세종 과학 기지를 세우고 극지방을 연구하고 있다.	• •	남극
남극 대륙을 둘러싸고 있는 ________는 매우 추운 바다이다.	• •	남극해
________는 우리나라 남쪽에 있는 바다로 기후가 따뜻하고 섬이 많다.	• •	남반구
________는 계절이 북반구와 반대로, 여름에는 겨울이 된다.	• •	남북
한반도는 ________으로 길게 이어져 있으며 산과 강이 많은 지형이다.	• •	남해

'남극'은 유일하게 국가가 없는 대륙으로, 여러 나라가 운영하는 다양한 연구 기지들이 있어요.

12일차

월 일

돌 석

눈으로 익히기 1. 石(돌 석)과 같은 한자에 ○표 하세요.

軍 車 石 車 車 石 軍

石 軍 立 石 立

立 車 立 軍

立 軍 石 車

5개를 찾으세요!

쓰면서 익히기 **2. 한자를 소리 내어 읽고 따라 쓰세요.**

쓰는 순서	一 丆 丆 石 石			
石	石	石		
돌 석	돌 석	돌 석		

어휘 속 한자 찾기 **3. 어휘를 따라 쓰고 石에 해당하는 뜻에 ○표 하세요.**

한자	따라 쓰기	뜻
石 (돌 **석**) 탄 (숯 **탄**)	석탄	**땅속**에서 만들어진 숯
石 (돌 **석**) 유 (기름 **유**)	석유	**땅속**에서 얻은 기름
石 (돌 **석**) 등 (등 **등**)	석등	**돌**로 만든 등
石 (돌 **석**) 축 (쌓을 **축**)	석축	**돌**로 쌓아 만든 벽
石 (돌 **석**) 굴 (굴 **굴**) 암 (암자 **암**)	석굴암	굴을 파서 **돌**로 만든 사원

교과 어휘 익히기

4. 색깔 뜻풀이에 밑줄을 그으며 읽고, 빈칸을 채우세요.

석 탄

돌 **석**　숯 **탄**

땅속에서 만들어진 숯

예 □□은 식물이 땅에 묻혀 압력과 열에 의해 만들어진 연료예요.

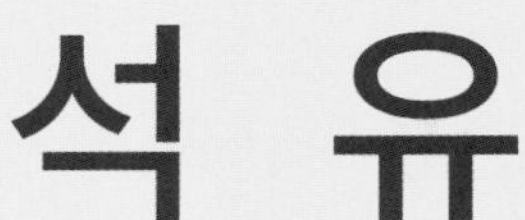

석 유

돌 **석**　기름 **유**

땅속에서 얻은 **기름**

예 □□는 바다 생물이 땅속에 파묻히고, 퇴적물이 쌓여 만들어져요.

석 등

돌 **석**　등 **등**

돌로 만든 **등**

예 옛날에는 가로등처럼 □□을 사용했어요.

석 축

돌 **석**　쌓을 **축**

돌로 쌓아 만든 **벽**

예 비탈진 땅에 □□을 쌓고 집을 지었어요.

석굴암

돌 **석**　굴 **굴**　암자 **암**

굴을 파서 돌로 만든 사원

예 □□□ 안에는 멋진 불상과 조각들이 있어요.

어휘력과 문해력 키우기

5. 밑줄에 들어갈 어휘를 찾아 선을 연결하세요.

문장			어휘
________은 땅속에서 캐내는 검은 연료이며 사용량이 감소했다.	•	•	석유
중동 지역은 세계적으로 중요한 ________ 생산지로 알려져 있다.	•	•	석등
________은 비탈진 곳의 흙이 무너져 내리지 않게 돌로 쌓은 벽이다.	•	•	석탄
사찰의 법당 앞에는 밤에 불을 밝히기 위해 세운 ________이 있다.	•	•	석굴암
________은 통일 신라의 동굴 사원으로 유네스코 세계유산이다.	•	•	석축

'석굴암'은 내부의 온도와 습도가 자연적으로 조절되도록 과학적으로 설계되었어요.

월 일

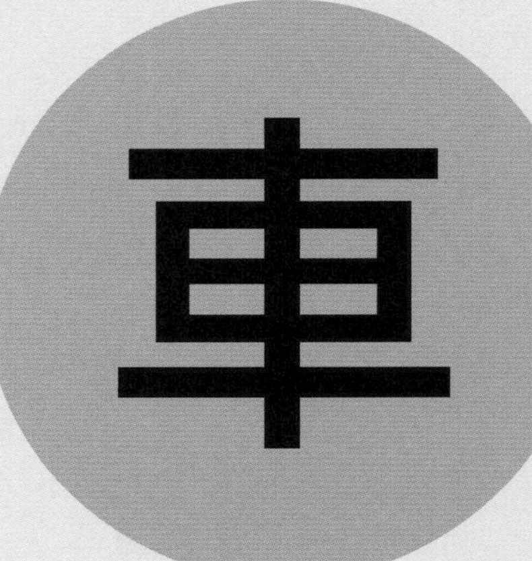

수레 차

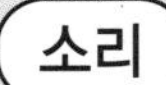

눈으로 익히기

1. 車(수레 차)와 같은 한자에 ○표 하세요.

立 軍 形 軍 形 立

形 立 車 軍 車

形 軍 立

車 車

立 形 軍

車

5개를 찾으세요!

쓰면서 익히기 **2. 한자를 소리 내어 읽고 따라 쓰세요.**

쓰는 순서	一 丆 冖 百 亘 亘 車			
車	車	車		
수레 차	수레 차	수레 차		

어휘 속 한자 찾기 **3. 어휘를 따라 쓰고 車에 해당하는 뜻에 ○표 하세요.**

한자	따라 쓰기	뜻
車(수레 **차**) 량(수레 **량**)	차량	도로나 선로 위를 달리는 모든 **차**
전(전기 **전**) 車(수레 **차**)	전차	전기의 힘으로 궤도 위를 다니는 **차**
경(가벼울 **경**) 車(수레 **차**)	경차	가볍고 크기가 작은 **차**
승(탈 **승**) 車(수레 **차**)	승차	**차**를 탐
자(스스로 **자**) 동(움직일 **동**) 車(수레 **차**)	자동차	가스, 휘발유 등을 연료로 달리게 만든 **차**

교과 어휘 익히기

4. 색깔 뜻풀이에 밑줄을 그으며 읽고, 빈칸을 채우세요.

차량 수레 **차** 수레 **량**	도로나 선로 위를 달리는 모든 차 예 도로에 많은 ☐☐이 줄지어 서 있어요.
전차 전기 **전** 수레 **차**	전기의 힘으로 궤도 위를 다니는 차 예 옛날에는 사람들이 ☐☐를 많이 탔어요.
경차 가벼울 **경** 수레 **차**	가볍고 크기가 작은 차 예 ☐☐는 주차하기 쉬워서 엄마가 좋아해요.
승차 탈 **승** 수레 **차**	차를 탐 예 지하철 ☐☐ 시에는 안전선을 지켜요.
자동차 스스로 **자** 움직일 **동** 수레 **차**	가스, 휘발유 등을 연료로 달리게 만든 차 예 ☐☐☐가 지나가면서 경적을 울렸어요.

어휘력과 문해력 키우기

5. 밑줄에 들어갈 어휘를 찾아 선을 연결하세요.

문장		어휘
______는 기름값을 아낄 수 있는 경제적인 자동차이다.	· ·	차량
______는 전기로 움직이는 기차로, 도시의 대중 교통수단 중 하나이다.	· ·	자동차
버스에 ______할 때 줄을 서서 차례를 지켜야 한다.	· ·	경차
승용차, 기차 등 도로나 철도를 달리는 차를 ______이라고 한다.	· ·	전차
______가 출발하기 전에 모두 안전벨트를 착용해야 한다.	· ·	승차

'전차(트램)'는 홍콩, 포르투갈, 체코 등 전 세계 많은 도시에서 관광 명소로도 인기가 있어요.

14일차

월 일

설 립

뜻 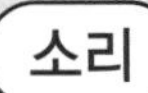

눈으로 익히기 **1. 立(설 립)과 같은 한자에 ○표 하세요.**

軍 立 直 立 直 立 軍

直 軍 形 形 直

形 立 形 軍

形 軍 直 立

5개를
찾으세요!

쓰면서 익히기 **2. 한자를 소리 내어 읽고 따라 쓰세요.**

쓰는 순서	丶 亠 亣 立 立			
立	立	立		
설 립	설 립	설 립		

어휘 속 한자 찾기 **3. 어휘를 따라 쓰고 立에 해당하는 뜻에 ○표 하세요.**

독 (홀로 **독**)	立 (설 **립**)	독립	남에게 의지하지 않고 스스로 **서 있음**
국 (나라 **국**)	立 (설 **립**)	국립	나라의 예산으로 **세움**
중 (가운데 **중**)	立 (설 **립**)	중립	어느 쪽도 편들지 않고 중간에 **서 있음**
대 (마주할 **대**)	立 (설 **립**)	대립	서로 의견이 반대되어 마주 대하고 **섬**
설 (세울 **설**)	立 (설 **립**)	설립	기관이나 조직 등을 **세움**

교과 어휘 익히기

4. 색깔 뜻풀이에 밑줄을 그으며 읽고, 빈칸을 채우세요.

독립
홀로 **독** 설 **립**

남에게 의지하지 않고 **스스로 서 있음**

예 우리나라는 ☐☐을 위해 많은 사람들이 노력했어요.

국립
나라 **국** 설 **립**

나라의 예산으로 세움

예 ☐☐ 박물관에 전시를 보러 갔어요.

중립
가운데 **중** 설 **립**

어느 쪽도 편들지 않고 **중간에 서 있음**

예 친구들과의 싸움에서 ☐☐을 지켰어요.

대립
마주할 **대** 설 **립**

서로 의견이 반대되어 **마주 대하고 섬**

예 서로 ☐☐하지 않고 대화로 문제를 풀었어요.

설립
세울 **설** 설 **립**

기관이나 조직 등을 세움

예 그는 회사를 ☐☐하고 열심히 일했어요.

어휘력과 문해력 키우기 **5. 밑줄에 들어갈 어휘를 찾아 선을 연결하세요.**

문장		어휘
오빠는 성인이 되자 부모님에게 ______을 선언했다.	• •	독립
______ 대학은 정부에서 설립하여 운영하는 교육 기관이다.	• •	중립
이 학교는 1980년에 ______되어 많은 졸업생을 배출했다.	• •	설립
회의할 때는 ______적인 태도로 모든 의견을 잘 들어야 한다.	• •	국립
친구와 ______이 심해지면 서로 오해가 쌓여 사이가 멀어질 수 있다.	• •	대립

독립운동은 일제 강점기에 우리 민족이 '독립'하기 위해 했던 여러 가지 민족 운동을 말해요.

월 일

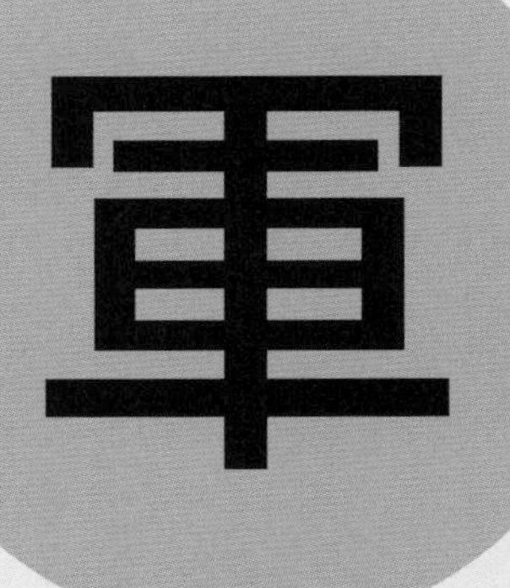

군사 군

뜻 소리

눈으로 익히기

1. 軍(군사 군)과 같은 한자에 ○표 하세요.

軍 形 算 形 算 軍

算

軍 國 形 直

算

形 軍

直

直

軍 形

直 算

쓰면서 익히기 **2. 한자를 소리 내어 읽고 따라 쓰세요.**

쓰는 순서	丶 冖 冖 冖 目 目 昌 盲 軍			
軍	軍	軍		
군사 군	군사 군	군사 군		

어휘 속 한자 찾기 **3. 어휘를 따라 쓰고 軍에 해당하는 뜻에 ○표 하세요.**

軍 (군사 **군**) 인 (사람 **인**)	군인	**군대**에서 어떤 임무를 맡은 사람
장 (장수 **장**) 軍 (군사 **군**)	장군	**군대**를 지휘하는 우두머리
육 (육지 **육**) 軍 (군사 **군**)	육군	주로 땅 위에서 임무를 수행하는 **군대**
공 (공중 **공**) 軍 (군사 **군**)	공군	주로 공중에서 임무를 수행하는 **군대**
해 (바다 **해**) 軍 (군사 **군**)	해군	주로 바다에서 임무를 수행하는 **군대**

교과 어휘 익히기

4. 색깔 뜻풀이에 밑줄을 그으며 읽고, 빈칸을 채우세요.

군 인 군사 **군** 사람 **인**	**군대**에서 어떤 **임무를 맡은 사람** 예 어른이 되면 ☐☐이 되는 것이 꿈이에요.
장 군 장수 **장** 군사 **군**	**군대**를 지휘하는 **우두머리** 예 ☐☐이 되려면 많은 경험과 리더십이 필요해요.
육 군 육지 **육** 군사 **군**	주로 **땅 위**에서 임무를 수행하는 **군대** 예 그는 ☐☐ 훈련소에 입소했어요.
공 군 공중 **공** 군사 **군**	주로 **공중**에서 임무를 수행하는 **군대** 예 ☐☐은 전투기를 이용해 적의 공격을 막아내요.
해 군 바다 **해** 군사 **군**	주로 **바다**에서 임무를 수행하는 **군대** 예 형은 ☐☐으로 군함에서 생활하며 나라를 지키고 있어요.

어휘력과 문해력 키우기

5. 밑줄에 들어갈 어휘를 찾아 선을 연결하세요.

문장			어휘
우리 삼촌은 ______에서 비행기를 조종하며 나라를 지킨다.	•	•	육군
______은 육군, 해군, 공군으로 나뉘어 각 영역에서 나라를 지킨다.	•	•	해군
주로 땅에서 싸우며 나라를 지키는 군대를 ______이라고 한다.	•	•	공군
______은 바다를 순찰하며 적의 침입을 막아내는 역할을 한다.	•	•	군인
______은 군인들 중 가장 높은 계급으로, 군대를 지휘한다.	•	•	장군

'군인'은 전쟁뿐만 아니라 재난 구호, 평화 유지 등의 임무도 수행해요.

어휘 복습하기

1. 빈칸에 한자 어휘를 한글로 쓰세요.

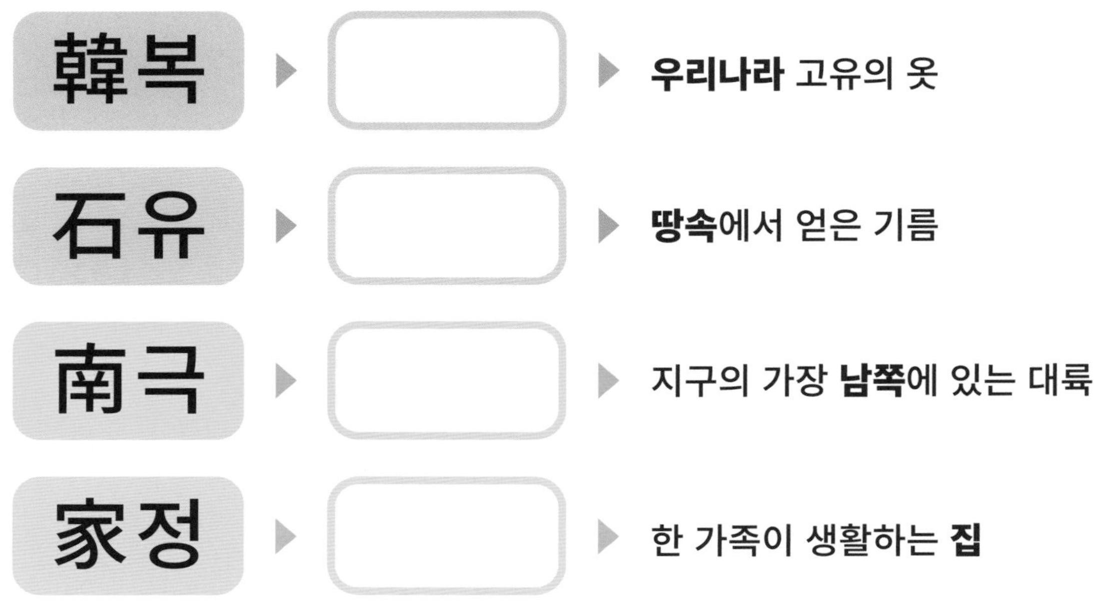

韓복
우리나라 고유의 옷
石유
땅속에서 얻은 기름
南극
지구의 가장 **남쪽**에 있는 대륙
家정
한 가족이 생활하는 **집**

2. 대화의 밑줄 친 곳에 공통으로 들어갈 어휘를 쓰세요.

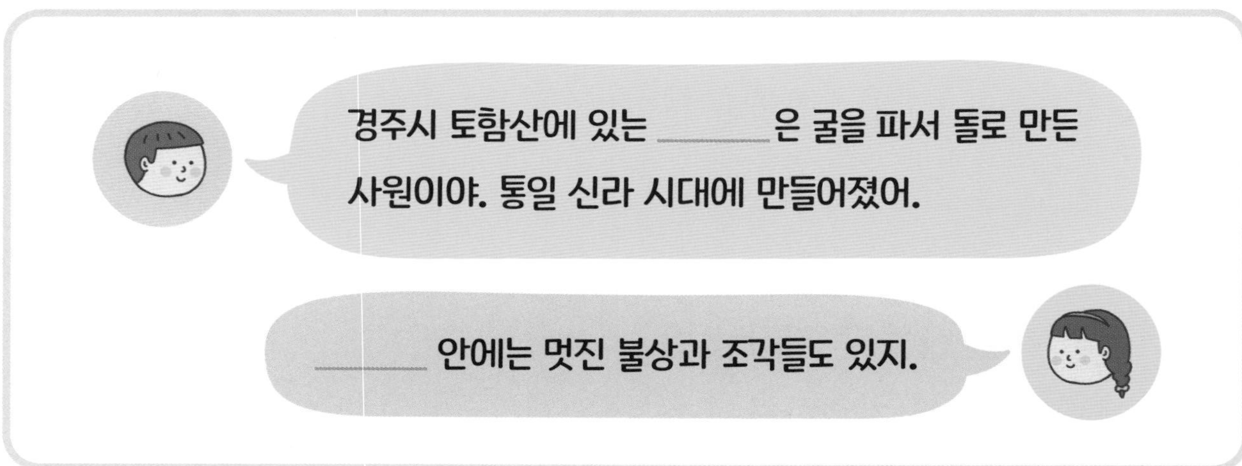

경주시 토함산에 있는 ______은 굴을 파서 돌로 만든 사원이야. 통일 신라 시대에 만들어졌어.
______ 안에는 멋진 불상과 조각들도 있지.

3. 빈칸에 알맞은 어휘를 보기에서 찾아 쓰세요.

보기	전차	독립	군인

❶ 우리나라는 일본으로부터 ☐ 하기 위해 싸웠다.

❷ ☐ 은 제복을 입고 열심히 훈련하며 나라를 지킨다.

❸ 전기로 움직이는 ☐ 를 타고 시내 구경을 했다.

4. 초성을 보고 食(밥 식)이 들어가는 어휘를 쓰세요.

❶ ㅇ ㅅ ㅈ 는 살아가는 데 꼭 필요한 옷, 음식, 집을 가리킨다. ______

❷ 건강한 유기농 식품을 많이 섭취하는 ㅅ ㅅ ㅎ 을 권장한다. ______

5. 다음 문장에 어울리는 어휘를 골라 ○표 하세요.

❶ (**공군 / 해군**)은 바다에서 우리나라를 지키고 보호하는 군대이다.

❷ 경기를 할 때 심판은 (**중립 / 대립**)을 잘 지켜야 한다.

6. 밑줄에 들어갈 어휘를 글자 카드에서 만들어 쓰세요.

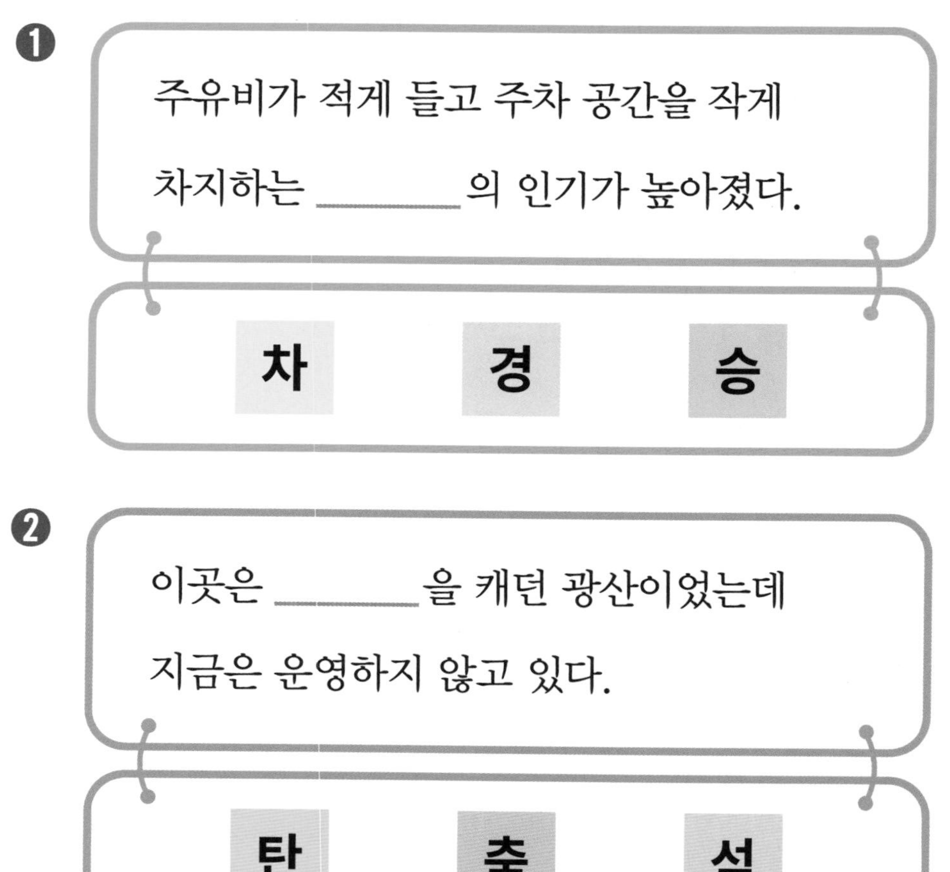

❶ 주유비가 적게 들고 주차 공간을 작게 차지하는 ________의 인기가 높아졌다.

❷ 이곳은 ________을 캐던 광산이었는데 지금은 운영하지 않고 있다.

7. 가로 열쇠와 세로 열쇠의 뜻풀이를 읽고 퍼즐을 완성하세요.

	①				
②	가 家				③
			④		차 車
⑤ 남 南					
				⑥ 한 韓	

가로 열쇠

2 부부와 결혼하지 않은 자녀로 구성된 가족.

4 가스, 휘발유 등을 연료로 달리게 만든 차.

5 남쪽과 북쪽.

6 우리나라 고유의 방법으로 만든 종이.

세로 열쇠

1 짚이나 갈대를 엮어 지붕을 만든 집.

3 차를 탐.

5 적도를 경계로 지구를 둘로 나누었을 때 남쪽 부분.

6 우리나라 고유의 음식.

3장

수학·과학

16일차 **形** 모양 형

도형 | 사각**형** | 오각**형** | 다각**형** | 나선**형**

17일차 **直** 곧을 직

직선 | **직**각 | 수**직** | 수**직**선 | 반**직**선

18일차 **算** 셈 산

산수 | 계**산** | 연**산** | 암**산** | 검**산**

19일차 **物** 만물 물

식**물** | 동**물** | 생**물** | 무생**물** | 미생**물**

20일차 **月** 달 월

월초 | **월**식 | 삼**월** | 매**월** | 격**월**

21일차 **木** 나무 목

목수 | 초**목** | 교**목** | 식**목**일 | 수**목**원

22일차 **火** 불 화

화산 | **화**재 | **화**상 | 소**화**기 | 발**화**점

23일차 **地** 땅 지

지하 | **지**구 | **지**진 | **지**층 | **지**형

월 일

모양 형

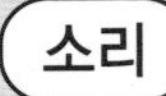

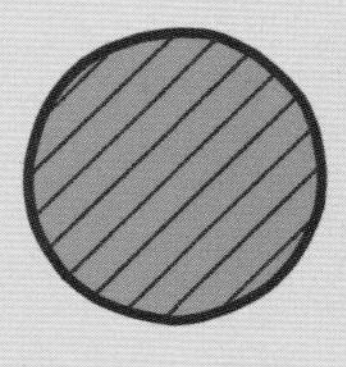
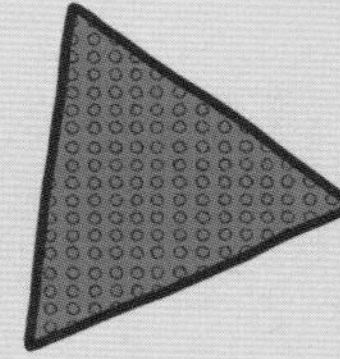

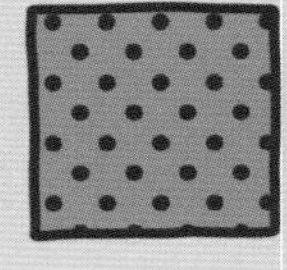

눈으로 익히기

1. 形(모양 형)과 같은 한자에 ○표 하세요.

物 直 形 直 形 直 物

形 物 算 算 形

算 直 算 物

算 物 形 直

5개를 찾으세요!

쓰면서 익히기 **2. 한자를 소리 내어 읽고 따라 쓰세요.**

쓰는 순서	一 二 于 开 开' 形' 形			
形	形	形		
모양 형	모양 형	모양 형		

어휘 속 한자 찾기 **3. 어휘를 따라 쓰고 形에 해당하는 뜻에 ○표 하세요.**

도(그림 도) 形(모양 형)	도형	점, 선, 면, 입체 등의 **모양**
사(넉 사) 각(각도 각) 形(모양 형)	사각형	네 개의 각이 있는 **도형**
오(다섯 오) 각(각도 각) 形(모양 형)	오각형	다섯 개의 각이 있는 **도형**
다(많을 다) 각(각도 각) 形(모양 형)	다각형	각이 여럿인 **도형**
나(소라 나) 선(돌 선) 形(모양 형)	나선형	소라 껍데기처럼 빙빙 돌아간 **모양**

교과 어휘 익히기

4. 색깔 뜻풀이에 밑줄을 그으며 읽고, 빈칸을 채우세요.

도형
그림 도 모양 형

점, 선, 면, 입체 등의 모양

예 ☐☐을 그릴 때는 자와 컴퍼스를 사용하면 정확해요.

사각형
넉 사 각도 각 모양 형

네 개의 각이 있는 도형

예 ☐☐☐의 모든 각의 합은 360도예요.

오각형
다섯 오 각도 각 모양 형

다섯 개의 각이 있는 도형

예 색종이로 ☐☐☐을 접어 종이꽃을 만들었어요.

다각형
많을 다 각도 각 모양 형

각이 여럿인 도형

예 삼각형, 사각형, 오각형, 육각형 등이 모두 ☐☐☐이에요.

나선형
소라 나 돌 선 모양 형

소라 껍데기처럼 빙빙 돌아간 모양

예 다락방으로 오르는 계단이 ☐☐☐으로 되어 있어요.

어휘력과 문해력 키우기

5. 밑줄에 들어갈 어휘를 찾아 선을 연결하세요.

세 개 이상의 선분으로 둘러싸인 평면 도형을 ______이라고 한다. •	• 오각형
수학 시간에 삼각형, 사각형, 원형 등 ______에 대해 배웠다. •	• 다각형
축구공에는 ______과 육각형 패턴이 반복적으로 연결되어 있다. •	• 도형
놀이공원에서 빙빙 돌아 내려오는 ______ 미끄럼틀을 탔다. •	• 사각형
______에는 직사각형, 정사각형, 평행사변형, 마름모 등이 있다. •	• 나선형

'사각형'은 네 개의 변과 네 개의 꼭짓점을 가진 '다각형'이에요.

17일차

월 일

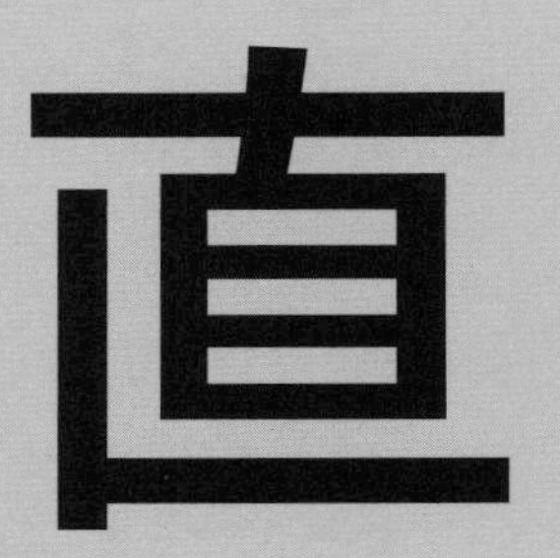

뜻 소리

'곧다'는 비뚤어지지 않고 똑바르다는 뜻이에요.

눈으로 익히기

1. 直(곧을 직)과 같은 한자에 ○표 하세요.

算 物 月 物 月 算
月
算 直 物 直
月 算
物
直 直
算 物
直 月

5개를 찾으세요!

쓰면서 익히기 **2. 한자를 소리 내어 읽고 따라 쓰세요.**

쓰는 순서	一 十 十 冇 冇 有 直 直			
直	直	直		
곧을 직	곧을 직	곧을 직		

어휘 속 한자 찾기 **3. 어휘를 따라 쓰고 直에 해당하는 뜻에 ○표 하세요.**

直(곧을 **직**) 선(선 **선**)	직선	곧은 선
直(곧을 **직**) 각(각도 **각**)	직각	두 **직선**이 만나 이루는 90도의 각
수(드리울 **수**) 直(곧을 **직**)	수직	두 **직선**이 만나 직각을 이루는 상태
수(셈 **수**) 直(곧을 **직**) 선(선 **선**)	수직선	수를 대응시킨 **곧은** 선
반(반 **반**) 直(곧을 **직**) 선(선 **선**)	반직선	한쪽은 끝이 있고, 다른 한쪽만 끝없이 늘인 **곧은** 선

교과 어휘 익히기

4. 색깔 뜻풀이에 밑줄을 그으며 읽고, 빈칸을 채우세요.

직 선
곧을 **직** 선 **선**

곧은 선

예 자를 사용하면 □□을 바르게 그을 수 있어요.

직 각
곧을 **직** 각도 **각**

두 직선이 만나 이루는 90도의 각

예 교실 벽은 서로 □□으로 만나요.

수 직
드리울 **수** 곧을 **직**

두 직선이 만나 직각을 이루는 상태

예 폭포가 □□으로 떨어져요.

수직선
셈 **수** 곧을 **직** 선 **선**

수를 대응시킨 곧은 선

예 □□□에서 0보다 큰 자연수를 '양의 정수'라고 해요.

반직선
반 **반** 곧을 **직** 선 **선**

한쪽은 끝이 있고, 다른 한쪽만 끝없이 늘인 곧은 선

예 □□□은 한 방향으로 무한히 뻗어 나가요.

어휘력과 문해력 키우기

5. 밑줄에 들어갈 어휘를 찾아 선을 연결하세요.

한 점에서 한쪽으로 끝없이 늘인 곧은 선을 ______ 이라고 한다.	수직선
______은 직선에 음의 정수와 양의 정수를 눈금 표시한 것이다.	반직선
______은 수학에서 선분을 양쪽으로 끝없이 늘인 곧은 선을 가리킨다.	직선
다이빙을 할 때 ______으로 입수해야 물이 튀지 않고 다치지 않는다.	직각
그는 몸이 ______이 될 정도로 굽혀 인사를 하며 손님을 맞이했다.	수직

'수직(垂直)'의 수(垂, 드리울 수)와 '수직선(數直線)'의 수(數, 셈 수)는 다른 한자로 뜻이 달라요.

월 일

算 셈 산

뜻 소리

눈으로 익히기

1. 算(셈 산)과 같은 한자에 ○표 하세요.

物 算 木 算 木 算 物
木 物 月 木 月
月 算 月 物
月 物 木 算

5개를 찾으세요!

쓰면서 익히기 **2. 한자를 소리 내어 읽고 따라 쓰세요.**

쓰는 순서	丿 𠂉 𥫗 𥫗 𥫗 竹 竹 筲 筲 筲 筲 算 算 算			
算	算	算		
셈 산	셈 산	셈 산		

어휘 속 한자 찾기 **3. 어휘를 따라 쓰고 算에 해당하는 뜻에 ○표 하세요.**

算(셈 **산**) 수(셈 **수**)	산수	**셈**의 기초를 가르치던 교과 과목
계(셀 **계**) 算(셈 **산**)	계산	수나 식을 **셈**하여 값을 구함
연(펼 **연**) 算(셈 **산**)	연산	숫자를 더하거나, 빼거나, 곱하거나, 나눠서 **계산**함
암(어두울 **암**) 算(셈 **산**)	암산	머릿속으로 하는 **셈**
검(검사할 **검**) 算(셈 **산**)	검산	**셈**을 다시 검사함

교과 어휘 익히기

4. 색깔 뜻풀이에 밑줄을 그으며 읽고, 빈칸을 채우세요.

산 수

셈 **산** 셈 **수**

셈의 기초를 가르치던 교과 과목

예 ☐☐는 수학의 기초를 배우는 과정이에요.

계 산

셀 **계** 셈 **산**

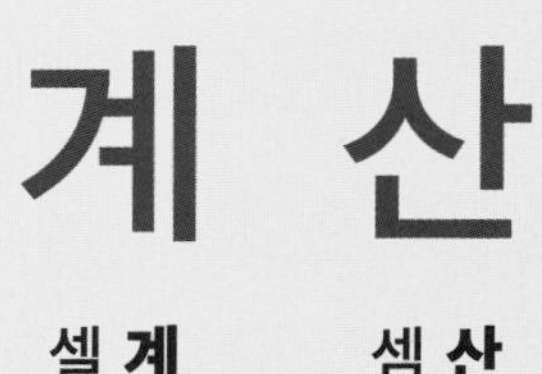

수나 식을 셈하여 값을 구함

예 ☐☐할 때는 자릿수를 잘 맞춰야 해요.

연 산

펼 **연** 셈 **산**

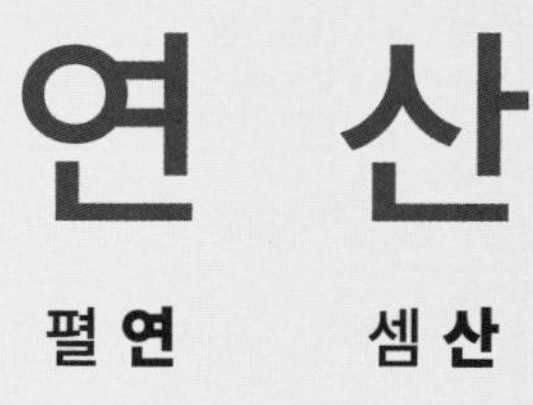

숫자를 더하거나, 빼거나, 곱하거나, 나눠서 계산함

예 컴퓨터는 복잡한 ☐☐을 빠르고 정확하게 처리해요.

암 산

어두울 **암** 셈 **산**

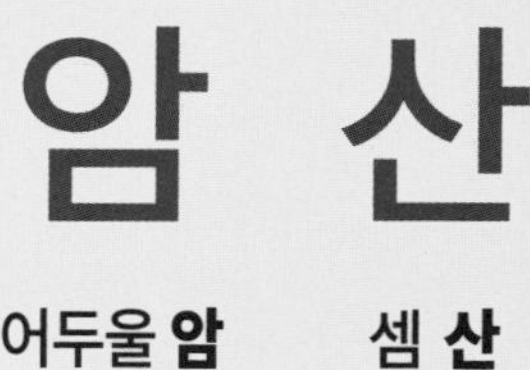

머릿속으로 하는 셈

예 친구와 ☐☐ 대결을 했어요.

검 산

검사할 **검** 셈 **산**

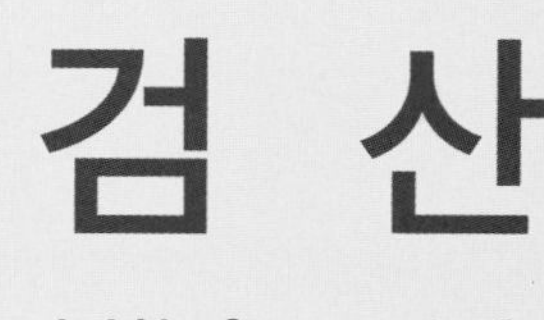

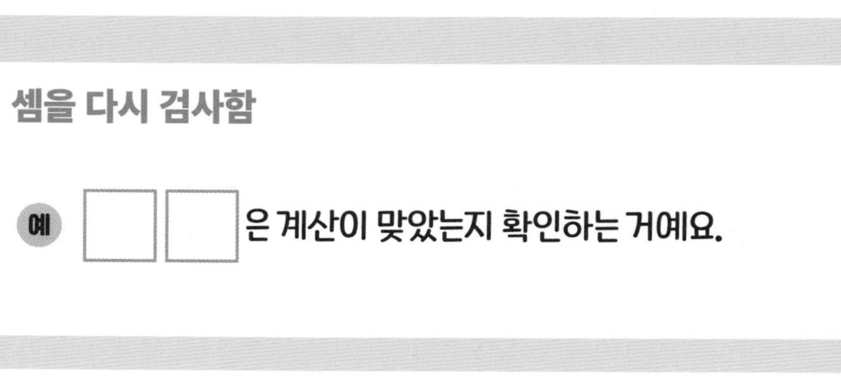

셈을 다시 검사함

예 ☐☐은 계산이 맞았는지 확인하는 거예요.

어휘력과 문해력 키우기 **5. 밑줄에 들어갈 어휘를 찾아 선을 연결하세요.**

문제를 풀고 나면 ______을 해서 틀린 부분이 없는지 확인한다.	• •	계산
엄마와 시장에서 물건을 산 다음, 물건값을 함께 ______해 보았다.	• •	연산
______은 수학에서 덧셈, 뺄셈, 곱셈, 나눗셈을 가리킨다.	• •	검산
____는 수학의 기초 단계로 덧셈, 곱셈 등 간단한 계산을 배운다.	• •	산수
숫자를 머릿속에서 더하거나 빼는 것을 ______이라고 한다.	• •	암산

'암산'을 자주 하면 두뇌 활동이 활발해지고 꾸준히 연습하면 누구나 잘할 수 있어요.

19일차

월 일

'만물'은 세상에 있는 모든 것을 뜻해요.

物 만물 물

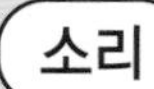

눈으로 익히기 **1. 物(만물 물)과 같은 한자에 ○표 하세요.**

物 月 火 月 火 物

火

物 木 月 木

5개를 찾으세요!

火 月 物

木 木

物 月

木 火

쓰면서 익히기

2. 한자를 소리 내어 읽고 따라 쓰세요.

쓰는 순서	丿 ⺈ 牛 牜 牞 牣 物 物			
物	物	物		
만물 물	만물 물	만물 물		

어휘 속 한자 찾기

3. 어휘를 따라 쓰고 物에 해당하는 뜻에 ○표 하세요.

식 物 심을 **식** 만물 물	식물	심을 수 있는 **생물**
동 物 움직일 **동** 만물 물	동물	움직일 수 있는 **생물**
생 物 날 **생** 만물 물	생물	살아 있는 **것**
무 생 物 없을 **무** 날 **생** 만물 물	무생물	살아 있지 않는 **것**
미 생 物 작을 **미** 날 **생** 만물 물	미생물	아주 작은 **생물**

교과 어휘 익히기

4. 색깔 뜻풀이에 밑줄을 그으며 읽고, 빈칸을 채우세요.

식 물

심을 **식** 만물 **물**

심을 수 있는 생물

예 □□은 햇빛과 물이 필요해요.

동 물

움직일 **동** 만물 **물**

움직일 수 있는 생물

예 사자는 □□의 왕이라고 불려요.

생 물

날 **생** 만물 **물**

살아 있는 것

예 □□은 동물, 식물, 미생물로 나눌 수 있어요.

무생물

없을 **무** 날 **생** 만물 **물**

살아 있지 않는 것

예 물과 공기는 □□□이지만 생명에 꼭 필요해요.

미생물

작을 **미** 날 **생** 만물 **물**

아주 작은 생물

예 세균, 효모, 바이러스 등이 □□□이에요.

어휘력과 문해력 키우기

5. 밑줄에 들어갈 어휘를 찾아 선을 연결하세요.

______은 맨눈으로 관찰하기 어려운 아주 작은 생물을 말한다. •	• 무생물
돌, 흙, 컴퓨터, 책 등은 ______이며, 자라거나 움직이지 않는다. •	• 미생물
______은 뿌리로 물과 양분을 흡수하고 잎으로 햇빛을 받는다. •	• 동물
______의 종류는 포유류, 조류, 파충류, 어류, 곤충류 등 다양하다. •	• 식물
생명을 가지고 살아가는 ______과 살아 있지 않은 무생물이 있다. •	• 생물

'미생물'은 박테리아, 곰팡이, 유산균처럼 현미경으로만 볼 수 있을 정도로 작아요.

월 일

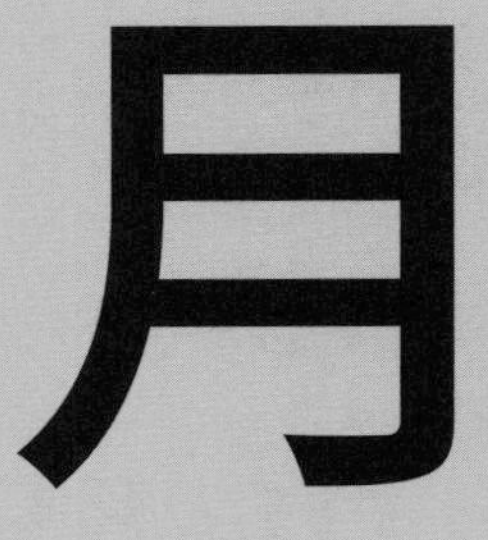

달 월

눈으로 익히기 **1. 月(달 월)과 같은 한자에 ○표 하세요.**

地 木 月 木 木 月 地

月 地 火 火 月

火 木 火 地

火 地 月 木

5개를 찾으세요!

쓰면서 익히기 **2.** 한자를 소리 내어 읽고 따라 쓰세요.

쓰는 순서	丿 冂 月 月			
月	月	月		
달 월	달 월	달 월		

어휘 속 한자 찾기 **3.** 어휘를 따라 쓰고 月에 해당하는 뜻에 ○표 하세요.

月(달 월) 초(처음 **초**)	월초	그달의 처음 무렵
月(달 월) 식(좀먹을 **식**)	월식	**달**이 지구의 그림자에 일부나 전부가 가려짐
삼(석 **삼**) 月(달 월)	삼월	열두 달 중 셋째 **달**
매(매번 **매**) 月(달 월)	매월	각각의 **달**
격(사이 뜰 **격**) 月(달 월)	격월	한 **달**씩 건너뜀

교과 어휘 익히기

4. 색깔 뜻풀이에 밑줄을 그으며 읽고, 빈칸을 채우세요.

월 초

달 **월** 처음 **초**

그달의 처음 무렵

예 ☐☐마다 한 달 계획을 세워요.

월 식

달 **월** 좀먹을 **식**

달이 지구의 그림자에 일부나 전부가 가려짐

예 오늘 저녁에 ☐☐을 관찰하기 위해 천문대에 가요.

삼 월

석 **삼** 달 **월**

열두 달 중 셋째 달

예 ☐☐에 개학을 하면 학교에 가요.

매 월

매번 **매** 달 **월**

각각의 달

예 ☐☐ 한 번씩 봉사 활동을 가요.

격 월

사이 뜰 **격** 달 **월**

한 달씩 건너뜀

예 우리는 ☐☐로 모임을 갖기로 했어요.

어휘력과 문해력 키우기 **5. 밑줄에 들어갈 어휘를 찾아 선을 연결하세요.**

________까지 날씨가 따뜻하더니 월말 들어 기온이 내려갔다.	• •	월식
한 달마다 발간하던 소식지를 ________로 발간하기로 결정했다.	• •	월초
겨울이 지나고 ________이 되면 방학이 끝나고 새 학기가 시작된다.	• •	격월
우리 반은 ________ 한 차례씩 학급 회의를 하고 대청소를 한다.	• •	삼월
내일 새벽에 부분 ________으로 달의 귀퉁이가 사라질 예정이다.	• •	매월

'월식'은 지구가 달과 태양 사이에 위치해 지구의 그림자에 달이 가려지는 현상을 말해요.

21일차

월 일

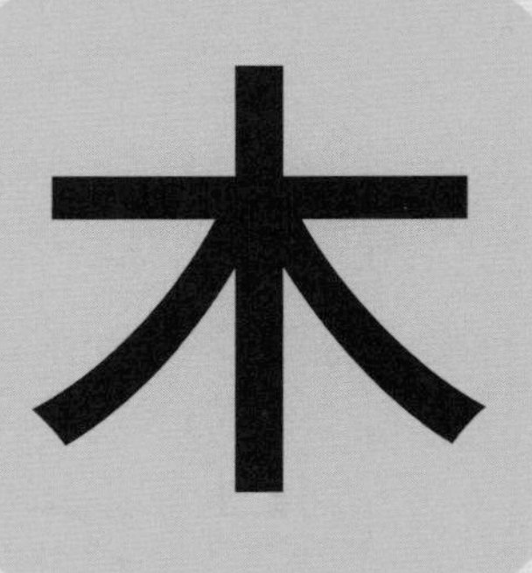

나무 목

눈으로 익히기 1. 木(나무 목)과 같은 한자에 ○표 하세요.

火 地 樂 地 樂 火
樂
火 木 地 木
樂
地 火
木 木
火 地
木 樂

5개를 찾으세요!

쓰면서 익히기 **2. 한자를 소리 내어 읽고 따라 쓰세요.**

쓰는 순서	一 十 才 木			
木	木	木		
나무 목	나무 목	나무 목		

어휘 속 한자 찾기 **3. 어휘를 따라 쓰고 木에 해당하는 뜻에 ○표 하세요.**

木(나무 목) 수(손 수)	목수	나무를 다루어 집을 짓거나 물건을 만드는 사람
초(풀 초) 木(나무 목)	초목	풀과 **나무**
교(학교 교) 木(나무 목)	교목	학교를 상징하는 **나무**
식(심을 식) 木(나무 목) 일(날 일)	식목일	**나무**를 심는 날
수(나무 수) 木(나무 목) 원(동산 원)	수목원	**나무**를 심어 연구하고 일반에 공개하는 곳

교과 어휘 익히기

4. 색깔 뜻풀이에 밑줄을 그으며 읽고, 빈칸을 채우세요.

목 수

나무 **목** 손 **수**

나무를 다루어 집을 짓거나 물건을 만드는 사람

예 □□ 아저씨가 통나무집을 지었어요.

초 목

풀 **초** 나무 **목**

풀과 나무

예 □□이 무성한 여름이 되었어요.

교 목

학교 **교** 나무 **목**

학교를 상징하는 나무

예 느티나무는 우리 학교의 □□이에요.

식목일

심을 **식** 나무 **목** 날 **일**

나무를 심는 날

예 □□□에 다인이는 담장 아래 나무를 심었어요.

수목원

나무 **수** 나무 **목** 동산 **원**

나무를 심어 연구하고 일반에 공개하는 곳

예 주말에 가족과 함께 □□□에 다녀왔어요.

어휘력과 문해력 키우기

5. 밑줄에 들어갈 어휘를 찾아 선을 연결하세요.

________은 식물을 연구하는 곳이며, 사람들에게 휴식처도 되어 준다.	식목일
________을 맞아 '식물'을 주제로 그림 그리기 대회를 했다.	수목원
________은 학교를 상징하는 나무로, 시원한 그늘을 만들어 준다.	목수
봄이 되면 온갖 ________에 파릇한 싹이 트고 자라나 푸르러진다.	초목
우리 할아버지는 ________로 일하며, 멋진 가구를 만든다.	교목

'식목일'은 나무를 심고 아껴 가꾸도록 권장하기 위해 국가에서 정한 날이에요.

월 일

火 불 화

뜻

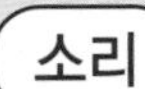

눈으로 익히기 1. 火(불 화)와 같은 한자에 ○표 하세요.

地 火 水 火 水 火 地

水 地 樂 水 樂

樂 火 樂 地

樂 地 水 火

5개를 찾으세요!

쓰면서 익히기 2. 한자를 소리 내어 읽고 따라 쓰세요.

쓰는 순서	丶 丷 少 火			
火	火	火		
불 화	불 화	불 화		

어휘 속 한자 찾기 3. 어휘를 따라 쓰고 火에 해당하는 뜻에 ○표 하세요.

火(불 화) 산(산 산)	화산	불처럼 뜨거운 물질(마그마)이 땅속에서 터져 나오며 생긴 산
火(불 화) 재(재앙 재)	화재	불로 인한 재난
火(불 화) 상(다칠 상)	화상	불이나 뜨거운 물에 데어서 생긴 상처
소(사라질 소) 火(불 화) 기(도구 기)	소화기	불을 끄는 기구
발(일어날 발) 火(불 화) 점(점 점)	발화점	불이 붙어 타기 시작하는 최저 온도

교과 어휘 익히기

4. 색깔 뜻풀이에 밑줄을 그으며 읽고, 빈칸을 채우세요.

화 산

불 **화** 산 **산**

불처럼 뜨거운 물질(마그마)이 땅속에서 터져 나오며 생긴 산

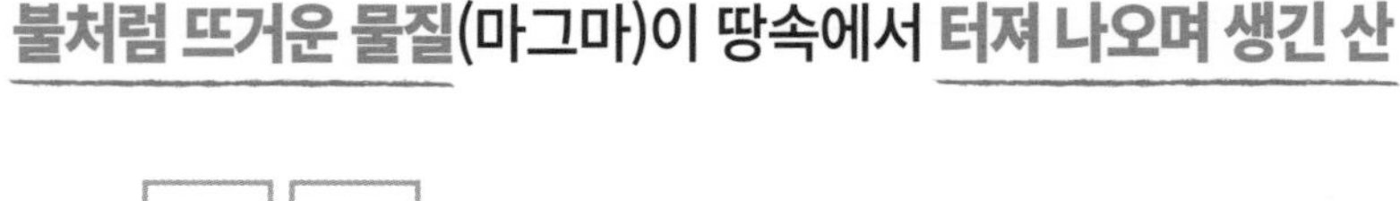

예 ☐☐이 폭발하면 뜨거운 용암이 흘러내려요.

화 재

불 **화** 재앙 **재**

불로 인한 재난

예 산불 ☐☐는 숲과 동물들에게 큰 피해를 줘요.

화 상

불 **화** 다칠 **상**

불이나 뜨거운 물에 데어서 생긴 상처

예 뜨거운 물에 ☐☐을 입었어요.

소화기

사라질 **소** 불 **화** 도구 **기**

불을 끄는 기구

예 ☐☐☐를 사용할 때는 안전핀을 먼저 뽑아야 해요.

발화점

일어날 **발** 불 **화** 점 **점**

불이 붙어 타기 시작하는 최저 온도

예 종이는 ☐☐☐이 낮아서 쉽게 불이 붙어요.

어휘력과 문해력 키우기 **5. 밑줄에 들어갈 어휘를 찾아 선을 연결하세요.**

뜨거운 햇볕 아래 오랜 시간 있으면 피부에 ________을 입을 수 있다. •	• 화재
________가 발생하면 빨리 119에 신고하고 대피해야 한다. •	• 화상
________은 물질을 가열할 때 불에 타기 시작하는 최저 온도를 말한다. •	• 소화기
건물에는 각 층마다 화재를 대비해 ________가 비치되어 있다. •	• 화산
________은 땅속 깊은 곳에서 뜨거운 마그마가 올라와 생긴다. •	• 발화점

휴화산은 오랫동안 분출하지 않았지만, 언제든 다시 분출할 수 있는 '화산'을 의미해요.

월 일

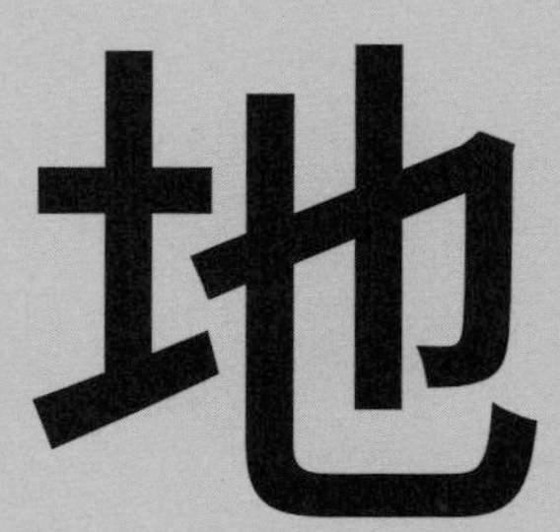

땅 지

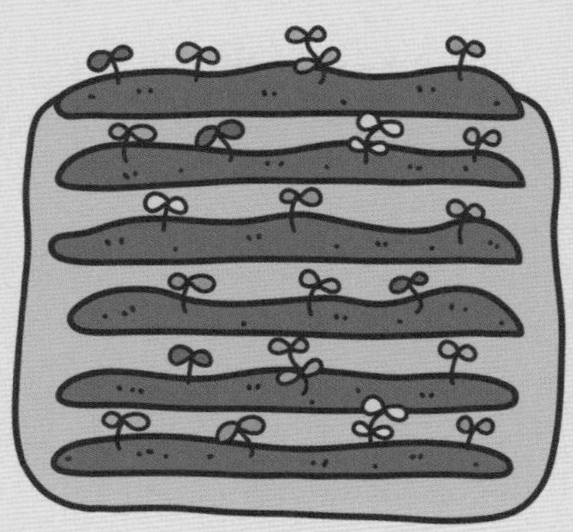

눈으로 익히기 **1.** 地(땅 지)와 같은 한자에 ○표 하세요.

地 樂 學 樂 學 地
學
地 水 樂 水
學
樂 地
水 水
地 樂
水 學

5개를
찾으세요!

쓰면서 익히기 2. 한자를 소리 내어 읽고 따라 쓰세요.

쓰는 순서	一 十 土 圠 圵 地			
地	地	地		
땅 지	땅 지	땅 지		

어휘 속 한자 찾기 3. 어휘를 따라 쓰고 地에 해당하는 뜻에 ○표 하세요.

地 땅 지	하 아래 하	지하	땅속
地 땅 지	구 공 구	지구	인류가 살고 있는 둥근 **땅**
地 땅 지	진 흔들릴 진	지진	**땅**이 갈라지고 흔들리는 현상
地 땅 지	층 층 층	지층	**땅**이 여러 층을 이루고 있는 것
地 땅 지	형 모양 형	지형	**땅**의 생긴 모양

교과 어휘 익히기

4. 색깔 뜻풀이에 밑줄을 그으며 읽고, 빈칸을 채우세요.

지 하
땅 **지** 아래 **하**

땅속

예 [ ][ ]에 묻혀 있던 상수도관이 터졌어요.

지 구
땅 **지** 공 **구**

인류가 살고 있는 둥근 땅

예 [ ][ ]를 보호하기 위해 쓰레기를 줄여야 해요.

지 진
땅 **지** 흔들릴 **진**

땅이 갈라지고 흔들리는 현상

예 [ ][ ]이 나면 건물이 무너질 수도 있어요.

지 층
땅 **지** 층 **층**

땅이 여러 층을 이루고 있는 것

예 [ ][ ]은 오랜 시간 쌓인 흙과 돌의 층이에요.

지 형
땅 **지** 모양 **형**

땅의 생긴 모양

예 강이 흐르는 평야 [ ][ ]은 농사짓기에 좋아요.

어휘력과 문해력 키우기

5. 밑줄에 들어갈 어휘를 찾아 선을 연결하세요.

비가 많이 오면 ______ 주차장도 물에 잠길 수 있어서 주의해야 한다.	• •	지층
사막 ______은 매우 건조하고 모래가 많은 지역이다.	• •	지형
______는 둥근 모양이며, 하루에 한 바퀴 자전해서 낮과 밤이 생긴다.	• •	지구
______이 나면 밖으로 대피하거나 탁자 아래로 들어가 몸을 보호한다.	• •	지진
______을 연구해서 동물 화석을 찾아내면 그 시대를 알 수 있다.	• •	지하

'지진'은 '지층'이 어긋나면서 땅속 깊이 쌓인 에너지가 뿜어져 나오면서 땅이 흔들리는 거예요.

어휘 복습하기

1. 빈칸에 한자 어휘를 한글로 쓰세요.

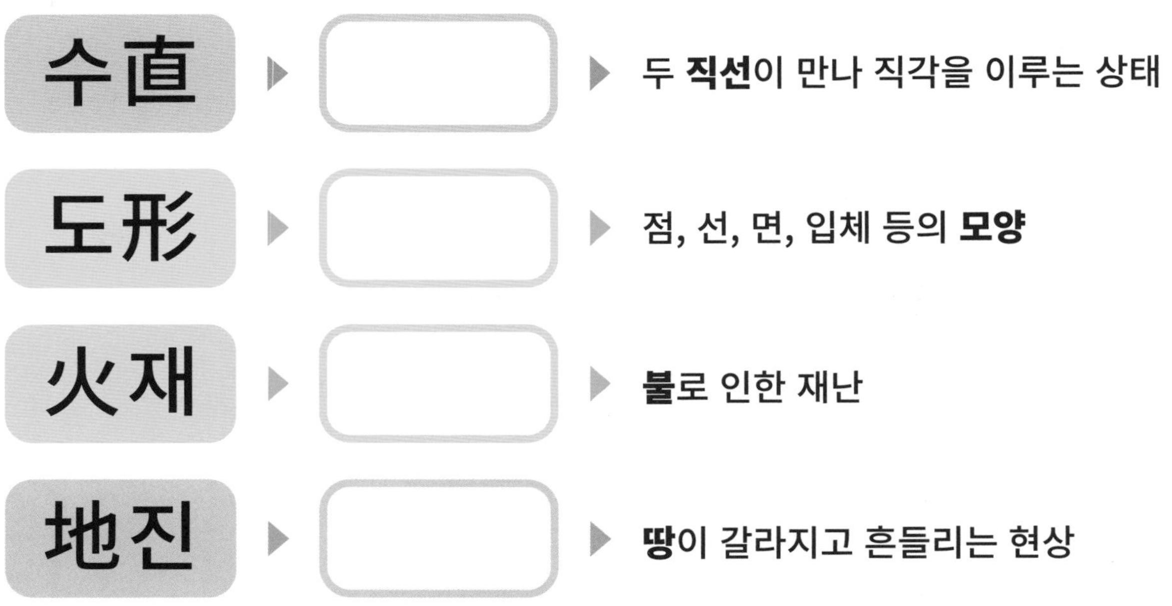

수直
두 **직선**이 만나 직각을 이루는 상태
도形
점, 선, 면, 입체 등의 **모양**
火재
불로 인한 재난
地진
땅이 갈라지고 흔들리는 현상

2. 대화의 밑줄 친 곳에 공통으로 들어갈 어휘를 쓰세요.

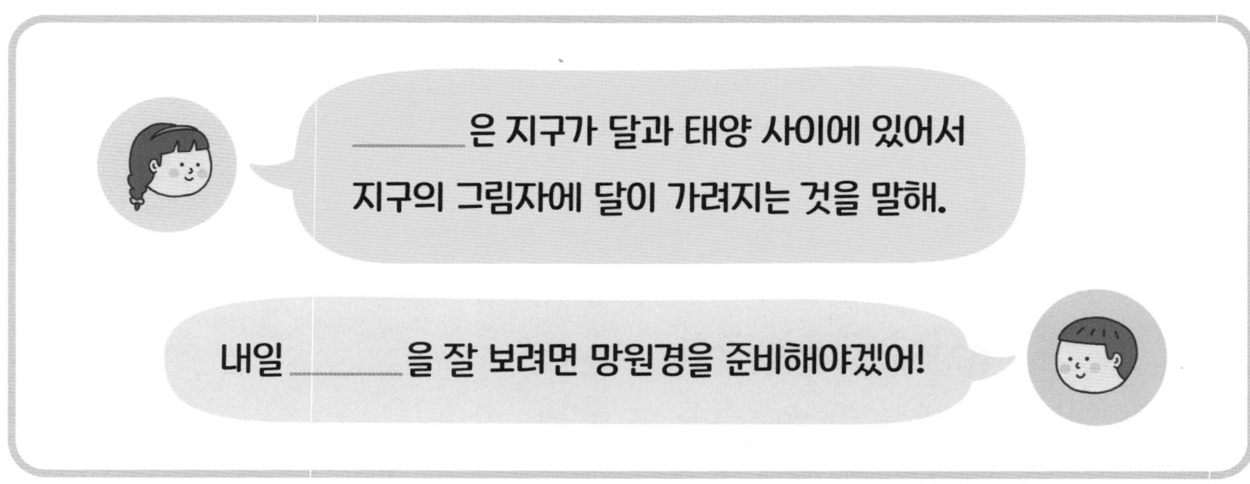

_______은 지구가 달과 태양 사이에 있어서 지구의 그림자에 달이 가려지는 것을 말해.
내일 _______을 잘 보려면 망원경을 준비해야겠어!

3. 빈칸에 알맞은 어휘를 보기에서 찾아 쓰세요.

보기	수목원	지형	암산

❶ 평소에 [ ] 연습을 많이 해서 계산이 빨라졌다.

❷ 우리나라는 산과 바다, 평야 등 다양한 [ ] 이 있다.

❸ [ ] 으로 체험 학습을 가서 식물을 관찰했다.

4. 초성을 보고 形(모양 형)이 들어가는 어휘를 쓰세요.

❶ 토네이도는 ㄴ ㅅ ㅎ 으로 회전하며 강한 바람을 일으킨다. ________

❷ ㄷ ㄱ ㅎ 에는 삼각형, 사각형, 오각형 등 다양한 종류의 도형이 있다. ________

5. 다음 문장에 어울리는 어휘를 골라 ○표 하세요.

❶ 우리 학교 (**초목 / 교목**)은 소나무이고, 교화는 목련이다.

❷ 시험에서 수학 문제를 푼 다음 (**연산 / 검산**)을 하면 실수를 줄일 수 있다.

6. 밑줄에 들어갈 어휘를 글자 카드에서 만들어 쓰세요.

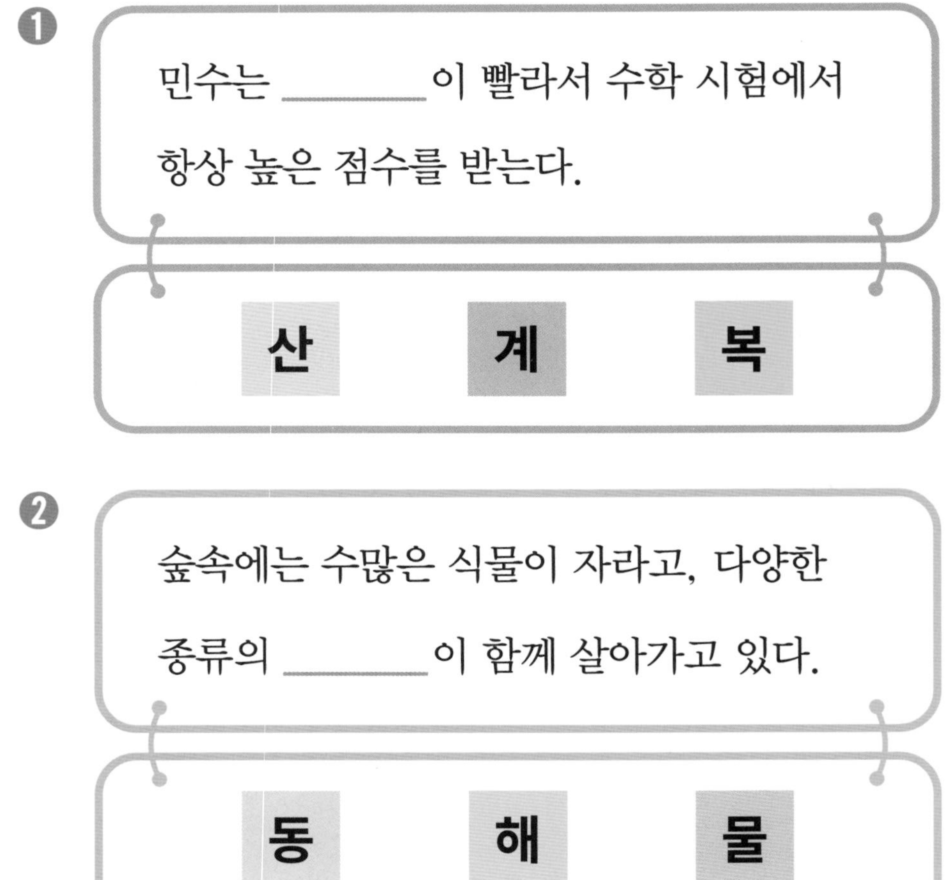

❶
민수는 ______이 빨라서 수학 시험에서 항상 높은 점수를 받는다.
산
계
복
❷
숲속에는 수많은 식물이 자라고, 다양한 종류의 ______이 함께 살아가고 있다.
동
해
물

7. 가로 열쇠와 세로 열쇠의 뜻풀이를 읽고 퍼즐을 완성하세요.

①	② 목 木			③ 지 地	
			④		
⑤			⑥ 직 直		
⑦ 화 火					

가로 열쇠

1 나무를 심는 날.

3 인류가 살고 있는 둥근 땅.

6 두 직선이 만나 이루는 90도의 각.

7 불이나 뜨거운 물에 데어서 생긴 상처.

세로 열쇠

2 나무를 다루어 집을 짓거나 물건을 만드는 사람.

3 땅이 여러 층을 이루고 있는 것.

4 수를 대응시킨 곧은 선.

5 불을 끄는 기구.

4장

예체능·학교생활

24일차 **樂** 음악 악

악기 | **악**보 | 국**악** | 관**악**기 | 현**악**기

25일차 **水** 물 수

수영 | 온**수** | 냉**수** | **수**영장 | **수**채화

26일차 **學** 배울 학

학생 | 입**학** | 개**학** | 방**학** | **학**부모

27일차 **校** 학교 교

교문 | **교**장 | **교**가 | 등**교** | 하**교**

28일차 **場** 마당 장

등**장** | 퇴**장** | 광**장** | 운동**장** | 주차**장**

29일차 **日** 날 일

생**일** | 매**일** | 내**일** | 휴**일** | **일**기장

30일차 **習** 익힐 습

습관 | 학**습** | 연**습** | 예**습** | 복**습**

24일차

월 일

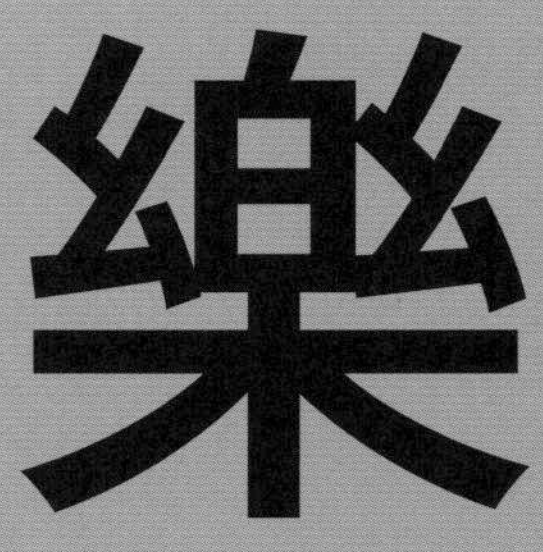

음악 악

뜻 소리

눈으로 익히기

1. 樂(음악 악)과 같은 한자에 ○표 하세요.

校 水 樂 水 樂 水 校

樂 校 學 學 樂

學 水 學 校

學 校 樂 水

2. 한자를 소리 내어 읽고 따라 쓰세요.

쓰는 순서	丿 ⺁ 白 白 白 纟白 约白 约白 约白纟 幺白幺 幺白幺 丝白丝 丝白丝 樂 樂 樂			
樂	樂	樂		
음악 악	음악 악	음악 악		

어휘 속 한자 찾기

3. 어휘를 따라 쓰고 樂에 해당하는 뜻에 ○표 하세요.

樂(음악 **악**) 기(도구 **기**)	악기	음악을 연주하는 데 쓰는 기구
樂(음악 **악**) 보(악보 **보**)	악보	**음악**을 기호로 기록한 것
국(나라 **국**) 樂(음악 **악**)	국악	우리나라 고유의 **음악**
관(피리 **관**) 樂(음악 **악**) 기(도구 **기**)	관악기	입으로 불어서 **음악** 소리를 내는 악기
현(줄 **현**) 樂(음악 **악**) 기(도구 **기**)	현악기	줄을 튕겨서 **음악** 소리를 내는 악기

교과 어휘 익히기 **4. 색깔 뜻풀이에 밑줄을 그으며 읽고, 빈칸을 채우세요.**

악 기 음악 **악** 도구 **기**	**음악**을 연주하는 데 쓰는 **기구** 예 음악 시간에 새로운 ☐☐를 배웠어요.
악 보 음악 **악** 악보 **보**	**음악**을 기호로 기록한 것 예 ☐☐를 보고 리코더를 불었어요.
국 악 나라 **국** 음악 **악**	**우리나라** 고유의 **음악** 예 ☐☐ 수업 시간에 장구를 배워요.
관악기 피리 **관** 음악 **악** 도구 **기**	**입으로 불어서** 음악 소리를 내는 악기 예 플루트, 색소폰, 트럼펫 등이 ☐☐☐예요.
현악기 줄 **현** 음악 **악** 도구 **기**	**줄을 퉁겨서** 음악 소리를 내는 악기 예 ☐☐☐ 중에서 바이올린을 가장 좋아해요.

어휘력과 문해력 키우기 **5. 밑줄에 들어갈 어휘를 찾아 선을 연결하세요.**

선생님이 주신 ______ 를 보면서 피아노 연습을 했다.	• •	관악기
______ 는 바이올린과 첼로처럼 줄로 소리는 내는 악기이다.	• •	현악기
______ 는 나무로 만든 목관 악기와 금속으로 만든 금관 악기가 있다.	• •	악보
우리 집에는 피아노, 바이올린, 기타 등 다양한 ______ 가 있다.	• •	국악
______ 은 우리나라 전통 음악으로, 장구, 가야금, 해금 등으로 연주한다.	• •	악기

가야금과 해금은 우리나라의 전통 '현악기'로, 줄의 진동으로 소리를 내요.

25일차

월 일

물 수

뜻 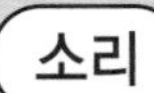

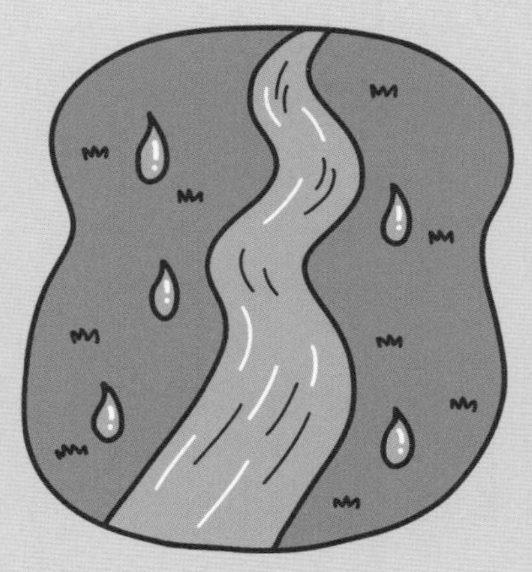

눈으로 익히기 **1. 水(물 수)와 같은 한자에 ◯표 하세요.**

學 校 場 校 場 學

場

學 水 校 水

場

校 學

水 水

學 校

水 場

5개를 찾으세요!

쓰면서 익히기 2. 한자를 소리 내어 읽고 따라 쓰세요.

쓰는 순서	亅 刁 水 水			
水	水	水		
물 수	물 수	물 수		

어휘 속 한자 찾기 3. 어휘를 따라 쓰고 水에 해당하는 뜻에 ○표 하세요.

水(물 수) 영(헤엄칠 **영**)	수영	물속을 헤엄치는 일
온(따뜻할 **온**) 水(물 수)	온수	따뜻한 **물**
냉(차가울 **냉**) 水(물 수)	냉수	차가운 **물**
水(물 수) 영(헤엄칠 **영**) 장(마당 **장**)	수영장	**물속**에서 노는 시설을 갖춘 곳
水(물 수) 채(채색 **채**) 화(그림 **화**)	수채화	물감에 **물**을 타서 그리는 그림

교과 어휘 익히기

4. 색깔 뜻풀이에 밑줄을 그으며 읽고, 빈칸을 채우세요.

수 영
물 **수** 헤엄칠 **영**

물속을 헤엄치는 일

예 수영장에서 □□ 강습을 받고 있어요.

온 수
따뜻할 **온** 물 **수**

따뜻한 물

예 정수기에 □□, 정수, 냉수 기능이 있어요.

냉 수
차가울 **냉** 물 **수**

차가운 물

예 아빠는 따뜻한 물보다 □□를 좋아해요.

수영장
물 **수** 헤엄칠 **영** 마당 **장**

물속에서 노는 시설을 갖춘 곳

예 □□□에 들어가기 전에 준비 운동을 해요.

수채화
물 **수** 채색 **채** 그림 **화**

물감에 물을 타서 그리는 그림

예 아름다운 풍경을 □□□로 그렸어요.

어휘력과 문해력 키우기 **5. 밑줄에 들어갈 어휘를 찾아 선을 연결하세요.**

여름철 물놀이 안전을 위해 학교에서도 ________ 교육을 한다.	• •	수영장
________에 들어갈 때는 수영복을 입고 수영모를 써야 한다.	• •	수채화
________ 물감은 물을 많이 섞을수록 색이 옅어지며 그림이 투명해진다.	• •	온수
날씨가 추운데 ________가 나오지 않아 찬물로 샤워를 했다.	• •	냉수
더운 날씨에 목이 말라 집에 와서 ________ 한 잔을 단숨에 마셨다.	• •	수영

'수채화'는 물을 많이 섞을수록 그림이 투명해지고, 물을 적게 섞을수록 그림이 불투명해져요.

26일차

월 일

배울 학

뜻 소리

눈으로 익히기 1. 學(배울 학)과 같은 한자에 ○표 하세요.

校 學 日 學 日 學 校

日 校 場 場 日

場 學 場 校

場 校 日 學

5개를 찾으세요!

쓰면서 익히기

2. 한자를 소리 내어 읽고 따라 쓰세요.

쓰는 순서	丶 ⺁ ⺊ 𦥑 ... 學			
學	學	學		
배울 학	배울 학	배울 학		

어휘 속 한자 찾기

3. 어휘를 따라 쓰고 學에 해당하는 뜻에 ○표 하세요.

學(배울 **학**) 생(날 **생**)	학생	배우는 사람
입(들 **입**) 學(배울 **학**)	입학	**배우기** 위해 학교에 들어감
개(열 **개**) 學(배울 **학**)	개학	방학 동안 쉬었다가 **배우기** 위해 수업을 시작함
방(놓을 **방**) 學(배울 **학**)	방학	**배움**을 잠시 쉬는 일
學(배울 **학**) 부(아버지 **부**) 모(어머니 **모**)	학부모	**배우는** 학생의 아버지나 어머니

교과 어휘 익히기

4. 색깔 뜻풀이에 밑줄을 그으며 읽고, 빈칸을 채우세요.

학 생

배울 **학** 날 **생**

배우는 사람

예 교실에서 ☐☐들이 수업을 듣고 있어요.

입 학

들 **입** 배울 **학**

배우기 위해 학교에 들어감

예 초등학교에 ☐☐해서 새로운 친구들을 만났어요.

개 학

열 **개** 배울 **학**

방학 동안 쉬었다가 **배우기 위해 수업을 시작함**

예 겨울 방학이 끝나고 ☐☐을 했어요.

방 학

놓을 **방** 배울 **학**

배움을 잠시 쉬는 일

예 ☐☐ 동안 매일 일기를 썼어요.

학부모

배울 **학** 아버지 **부** 어머니 **모**

배우는 학생의 아버지나 어머니

예 이번 주는 ☐☐☐ 상담 주간이에요.

어휘력과 문해력 키우기

5. 밑줄에 들어갈 어휘를 찾아 선을 연결하세요.

여름 ______에 가족들과 산으로 캠핑을 가기로 했다.	• •	방학
등교 시간에 아이들의 안전을 위해 ______들이 교통정리를 한다.	• •	학부모
동생은 ______이 다가오자 밀린 방학 숙제를 하느라 바빴다.	• •	학생
오후가 되자 교문 밖은 하교하는 ______들로 금세 북적였다.	• •	입학
형은 중학교에 ______해서 매일 아침 교복을 입고 등교한다.	• •	개학

'방학'에는 스스로 생활 계획표를 만들어서 공부, 운동, 취미 등을 꾸준히 실천해 보세요.

월 일

학교 교

뜻 소리

눈으로 익히기

1. 校(학교 교)와 같은 한자에 ○표 하세요.

校 場 習 場 習 校
習
日 場 日
校
5개를 찾으세요!
習
場 校
日
日
校 場
日 習

쓰면서 익히기 **2. 한자를 소리 내어 읽고 따라 쓰세요.**

쓰는 순서	一 十 才 木 木' 杧 杧 栌 栌 校			
校	校	校		
학교 교	학교 교	학교 교		

어휘 속 한자 찾기 **3. 어휘를 따라 쓰고 校에 해당하는 뜻에 ○표 하세요.**

校 (학교 **교**)	문 (문 **문**)	교문	**학교**의 문
校 (학교 **교**)	장 (우두머리 **장**)	교장	**학교**에서 가장 높은 직위
校 (학교 **교**)	가 (노래 **가**)	교가	**학교**를 상징하는 노래
등 (오를 **등**)	校 (학교 **교**)	등교	**학교**에 감
하 (아래 **하**)	校 (학교 **교**)	하교	**학교**에서 집으로 돌아옴

교과 어휘 익히기 4. 색깔 뜻풀이에 밑줄을 그으며 읽고, 빈칸을 채우세요.

교 문

학교 **교** 문 **문**

학교의 문

예 친구와 □□ 앞에서 만나기로 했어요.

교 장

학교 **교** 우두머리 **장**

학교에서 가장 높은 직위

예 □□ 선생님이 아침 조회 시간에 말씀하셨어요.

교 가

학교 **교** 노래 **가**

학교를 상징하는 노래

예 학교 운동장에서 큰 소리로 □□를 불렀어요.

등 교

오를 **등** 학교 **교**

학교에 감

예 비가 와서 우산을 쓰고 □□했어요.

하 교

아래 **하** 학교 **교**

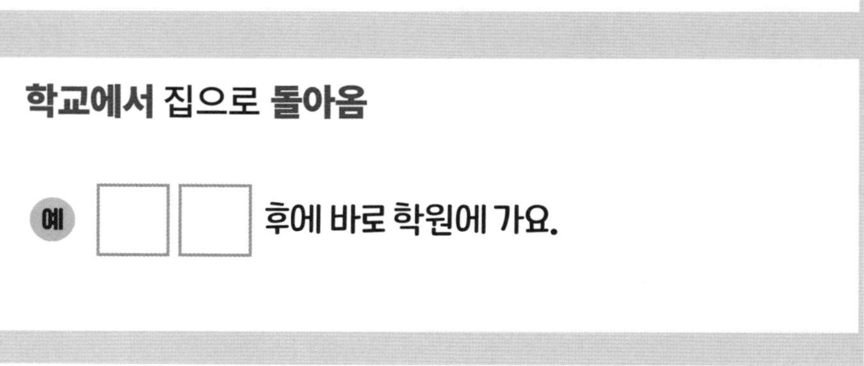

학교에서 집으로 돌아옴

예 □□ 후에 바로 학원에 가요.

어휘력과 문해력 키우기 **5. 밑줄에 들어갈 어휘를 찾아 선을 연결하세요.**

______ 선생님이 우수 학생과 모범 학생에게 상을 수여했다.	등교
매일 아침 ______ 할 때마다 친구와 만나 학교까지 걸어간다.	하교
아침에 ______ 앞에 선생님이 나와 등교하는 우리에게 인사를 해 주신다.	교장
______ 후에는 학원에 갔다가 집에 돌아와서 숙제를 먼저 한다.	교가
______는 학교를 상징하는 노래이고, 교목은 학교를 상징하는 나무이다.	교문

'등교'하고 '하교'할 때는 횡단보도를 이용해 길을 건너고 신호를 꼭 지켜야 해요.

28일차

월 일

마당 장

뜻 소리

눈으로 익히기

1. 場(마당 장)과 같은 한자에 ○표 하세요.

國 日 場 日 場 日 國

場 國 習 習 場

習 日 習 國

習 國 場 日

쓰면서 익히기

2. 한자를 소리 내어 읽고 따라 쓰세요.

쓰는 순서	一 十 土 圢 坦 坦 坦 坦 堮 場 場 場			
場	場	場		
마당 장	마당 장	마당 장		

어휘 속 한자 찾기

3. 어휘를 따라 쓰고 場에 해당하는 뜻에 ○표 하세요.

등 場 (오를 **등** / 마당 **장**)	등장	어떤 **장소**에 나옴
퇴 場 (물러날 **퇴** / 마당 **장**)	퇴장	어떤 **장소**에서 물러남
광 場 (넓을 **광** / 마당 **장**)	광장	많은 사람이 모일 수 있게 만든 넓은 **마당**
운 동 場 (옮길 **운** / 움직일 **동** / 마당 **장**)	운동장	체육을 하기 위해 만든 큰 **마당**
주 차 場 (머무를 **주** / 수레 **차** / 마당 **장**)	주차장	차를 세워 두도록 마련한 **곳**

교과 어휘 익히기

4. 색깔 뜻풀이에 밑줄을 그으며 읽고, 빈칸을 채우세요.

등 장

오를 **등** 마당 **장**

어떤 **장소에 나옴**

예 마법사가 동화 속의 주인공으로 ☐☐ 해요.

퇴 장

물러날 **퇴** 마당 **장**

어떤 **장소에서 물러남**

예 공연이 끝나고 배우들이 무대에서 ☐☐ 했어요.

광 장

넓을 **광** 마당 **장**

많은 사람이 **모일 수 있게 만든 넓은 마당**

예 ☐☐ 에서 자전거를 신나게 타요.

운동장

옮길 **운** 움직일 **동** 마당 **장**

체육을 하기 위해 만든 **큰 마당**

예 친구들과 ☐☐☐ 에서 축구를 했어요.

주차장

머무를 **주** 수레 **차** 마당 **장**

차를 세워 두도록 마련한 곳

예 아파트에 지하 ☐☐☐ 이 있어요.

어휘력과 문해력 키우기 **5. 밑줄에 들어갈 어휘를 찾아 선을 연결하세요.**

이번에 개봉한 영화에 신인 배우가 주인공으로 ______ 했다. •	• 주차장
한가운데 분수가 있는 ______ 에서 축제가 열려 사람들로 가득 찼다. •	• 운동장
경기 후에 선수들이 ______ 하며 관중석을 향해 인사를 했다. •	• 등장
가게 앞에 있는 ______ 에 차들이 나란히 주차되어 있다. •	• 광장
오늘은 체육 시간에 ______ 에서 달리기와 줄넘기 연습을 했다. •	• 퇴장

'광장'에는 주로 분수와 기념물이 세워져 있고, 거리 공연과 축제 등이 열려요.

29일차

월 일

날 일

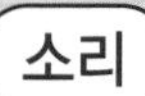

뜻 소리

눈으로 익히기 1. 日(날 일)과 같은 한자에 ○표 하세요.

習 國 作 國 作 習
作
習 日 國 日
作
國 習
日
日
習 國
日 作

5개를 찾으세요!

쓰면서 익히기

2. 한자를 소리 내어 읽고 따라 쓰세요.

쓰는 순서	丨 冂 月 日			
日	日	日		
날 일	날 일	날 일		

어휘 속 한자 찾기

3. 어휘를 따라 쓰고 日에 해당하는 뜻에 ○표 하세요.

생 日 (날 **생**, 날 **일**)	생일	세상에 태어난 날
매 日 (매번 **매**, 날 **일**)	매일	하루하루의 모든 **날**
내 日 (올 **내**, 날 **일**)	내일	오늘의 바로 다음 **날**
휴 日 (쉴 **휴**, 날 **일**)	휴일	일을 하지 않고 쉬는 **날**
日 기 장 (날 **일**, 기록할 **기**, 공책 **장**)	일기장	**그날**에 있었던 일을 기록하는 공책

교과 어휘 익히기

4. 색깔 뜻풀이에 밑줄을 그으며 읽고, 빈칸을 채우세요.

생 일 날 **생** 날 **일**	세상에 **태어난 날** 예 오늘은 내 □□이어서 친구들을 초대했어요.
매 일 매번 **매** 날 **일**	하루하루의 **모든 날** 예 □□ 숙제를 하고 나서 게임을 해요.
내 일 올 **내** 날 **일**	오늘의 바로 **다음 날** 예 일을 □□까지 마치기로 했어요.
휴 일 쉴 **휴** 날 **일**	일을 하지 않고 **쉬는 날** 예 내일은 □□이라 늦잠을 잘 거예요.
일기장 날 **일** 기록할 **기** 공책 **장**	그날에 있었던 **일을 기록하는 공책** 예 □□□에는 비밀이 많이 적혀 있어요.

어휘력과 문해력 키우기 **5. 밑줄에 들어갈 어휘를 찾아 선을 연결하세요.**

________ 선물로 가지고 싶었던 자전거를 받아 무척 기뻤다.	• •	생일
________부터 장마가 시작되어 전국에 많은 비가 내릴 것으로 예보되었다.	• •	매일
여행을 다녀와서 ________에 가장 재미있었던 일을 기록해 두었다.	• •	일기장
하준이는 ________ 하교 후에 체육관에서 한 시간씩 운동을 한다.	• •	내일
________에는 늦잠을 자고 일어나 가족들과 공원으로 산책을 간다.	• •	휴일

'일기장'에 일상을 기록하며 감정을 표현해 보세요. 스트레스를 줄이는 데도 도움이 돼요.

30일차

월 일

習 익힐 습

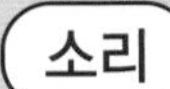

눈으로 익히기

1. 習(익힐 습)과 같은 한자에 ○표 하세요.

國 習 童 習 童 國 習

童 國 作 作 童

作 習 作 國

作 國 童 習

5개를 찾으세요!

쓰면서 익히기 2. 한자를 소리 내어 읽고 따라 쓰세요.

쓰는 순서	㇕ ㇕ 习 习 习 羽 羽 羽 羽 習 習			
習	習	習		
익힐 습	익힐 습	익힐 습		

어휘 속 한자 찾기 3. 어휘를 따라 쓰고 習에 해당하는 뜻에 ○표 하세요.

習 익힐 **습**	관 익숙할 **관**	습관	익혀진 버릇
학 배울 **학**	習 익힐 **습**	학습	배워서 **익힘**
연 익힐 **연**	習 익힐 **습**	연습	익숙하도록 반복해서 **익힘**
예 미리 **예**	習 익힐 **습**	예습	배울 것을 미리 **익힘**
복 되풀이할 **복**	習 익힐 **습**	복습	배운 것을 다시 **익힘**

교과 어휘 익히기 4. 색깔 뜻풀이에 밑줄을 그으며 읽고, 빈칸을 채우세요.

습관
익힐 **습** 익숙할 **관**

익혀진 버릇

예 책 읽는 ☐☐을 기르고 있어요.

학습
배울 **학** 익힐 **습**

배워서 익힘

예 ☐☐한 내용을 공책에 정리해요.

연습
익힐 **연** 익힐 **습**

익숙하도록 **반복해서 익힘**

예 그는 오랜 ☐☐과 노력으로 세계적인 선수가 되었어요.

예습
미리 **예** 익힐 **습**

배울 것을 **미리 익힘**

예 ☐☐을 하면 수업 시간에 더욱 잘 집중돼요.

복습
되풀이할 **복** 익힐 **습**

배운 것을 **다시 익힘**

예 하람이는 예습과 ☐☐을 철저히 해요.

어휘력과 문해력 키우기 **5. 밑줄에 들어갈 어휘를 찾아 선을 연결하세요.**

일찍 자고 일찍 일어나는 ______ 이 건강을 지키는 데 매우 좋다.	• •	예습
학생들이 집에서 컴퓨터나 패드로 온라인 ______ 을 할 수 있다.	• •	복습
수진이는 내일 수학 시간에 배울 내용을 미리 ______ 했다.	• •	습관
오늘 배운 내용을 집에 돌아와서 ______ 하면 더욱 오래 기억된다.	• •	학습
공연을 앞두고 매일 늦은 시간까지 연극 ______ 을 하고 있다.	• •	연습

긍정적으로 생각하는 '습관'은 생활을 하면서 작은 것에도 행복을 느끼게 해 줘요.

어휘 복습하기

1. 빈칸에 한자 어휘를 한글로 쓰세요.

▶ **학교**에서 집으로 돌아옴

▶ **음악**을 연주하는 데 쓰는 기구

▶ **물속**을 헤엄치는 일

▶ 익숙하도록 반복해서 **익힘**

2. 대화의 밑줄 친 곳에 공통으로 들어갈 어휘를 쓰세요.

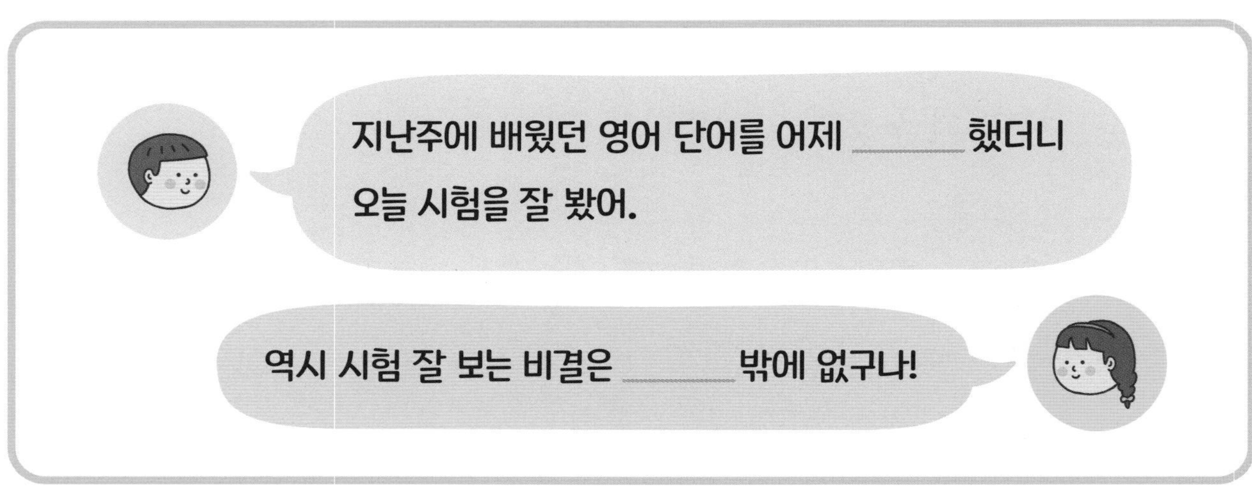

지난주에 배웠던 영어 단어를 어제 ______ 했더니 오늘 시험을 잘 봤어.
역시 시험 잘 보는 비결은 ______ 밖에 없구나!

3. 빈칸에 알맞은 어휘를 보기에서 찾아 쓰세요.

보기 습관 생일 국악

❶ [ ] 은 한국의 전통 음악으로, 판소리와 민요 등이 있다.

❷ 매일 자기 전에 일기 쓰는 [ ] 을 기르고 있다.

❸ 친구의 [ ] 파티에 가서 사진을 찍고 게임도 했다.

4. 초성을 보고 場(마당 장)이 들어가는 어휘를 쓰세요.

❶ 체육 시간에 ㅇ ㄷ ㅈ 에서

옆 반과 축구 시합을 했다.

❷ 우리 가족은 공용 ㅈ ㅊ ㅈ 에

차를 세우고 식당으로 향했다.

5. 다음 문장에 어울리는 어휘를 골라 ○표 하세요.

❶ 방학이 끝나고 (**입학** / **개학**)해서 친구들을 만났다.

❷ 내가 좋아하는 축구 선수가 경기에서 아쉽게 (**등장** / **퇴장**) 당했다.

6. 밑줄에 들어갈 어휘를 글자 카드에서 만들어 쓰세요.

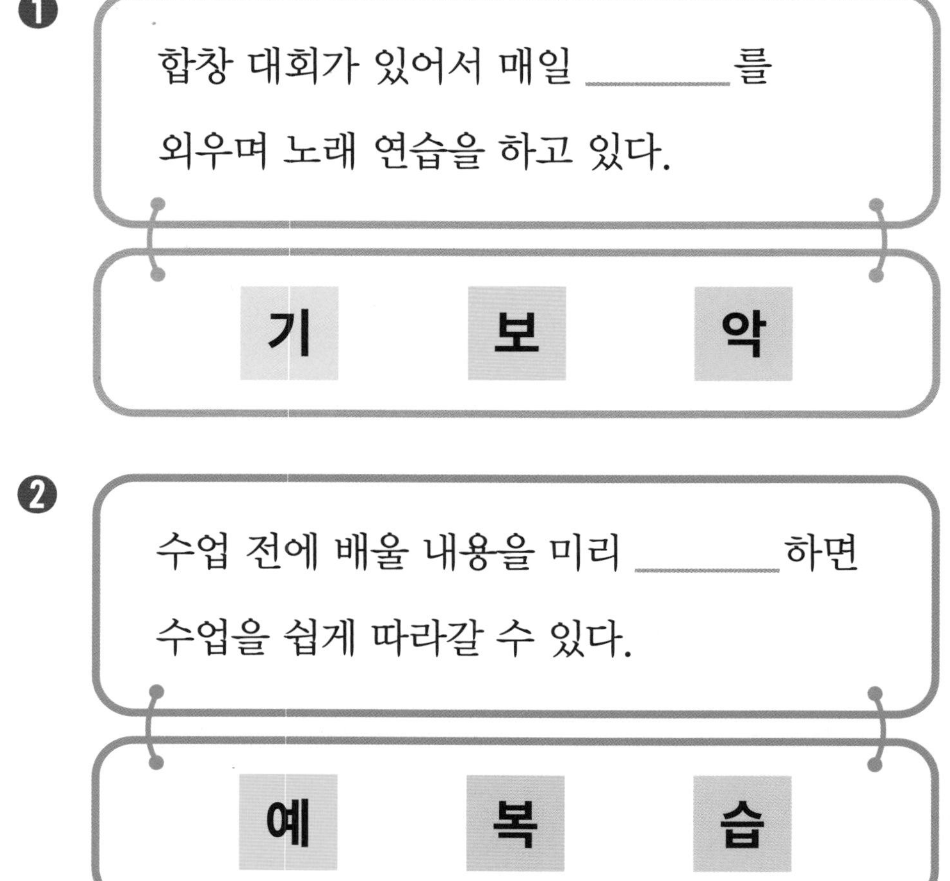

❶ 합창 대회가 있어서 매일 ______를 외우며 노래 연습을 하고 있다.

기 보 악

❷ 수업 전에 배울 내용을 미리 ______하면 수업을 쉽게 따라갈 수 있다.

예 복 습

7. 가로 열쇠와 세로 열쇠의 뜻풀이를 읽고 퍼즐을 완성하세요.

	①			②	③ 학 學
④	악 樂				
			⑤		
⑥			⑦ 일 日		
⑧ 수 水					

가로 열쇠

2 배움을 잠시 쉬는 일.

4 줄을 튕겨서 음악 소리를 내는 악기.

7 그날에 있었던 일을 기록하는 공책.

8 물속에서 노는 시설을 갖춘 곳.

세로 열쇠

1 입으로 불어서 음악 소리를 내는 악기.

3 배우는 학생의 아버지나 어머니.

5 일을 하지 않고 쉬는 날.

6 따뜻한 물.

정답

1일차

3번 정답 굵은 글자에만 ○표를 해요.

1일차
월 일
國
나라 국
뜻 소리
눈으로 익히기 1. 國(나라 국)과 같은 한자에 ○표 하세요.
5개를 찾으세요!
쓰면서 익히기 2. 한자를 소리 내어 읽고 따라 쓰세요.
쓰는 순서
나라 국
어휘 속 한자 찾기 3. 어휘를 따라 쓰고 國에 해당하는 뜻에 ○표 하세요.
국어
한 나라의 국민이 쓰는 말
국가
하나의 나라
국기
나라를 상징하는 깃발
전국
나라의 전체
국경일
나라의 축하할 일을 기념하는 날
8
1장 국어 9

4번 정답
왼쪽에 있는 어휘를 빈칸에 따라 써요.

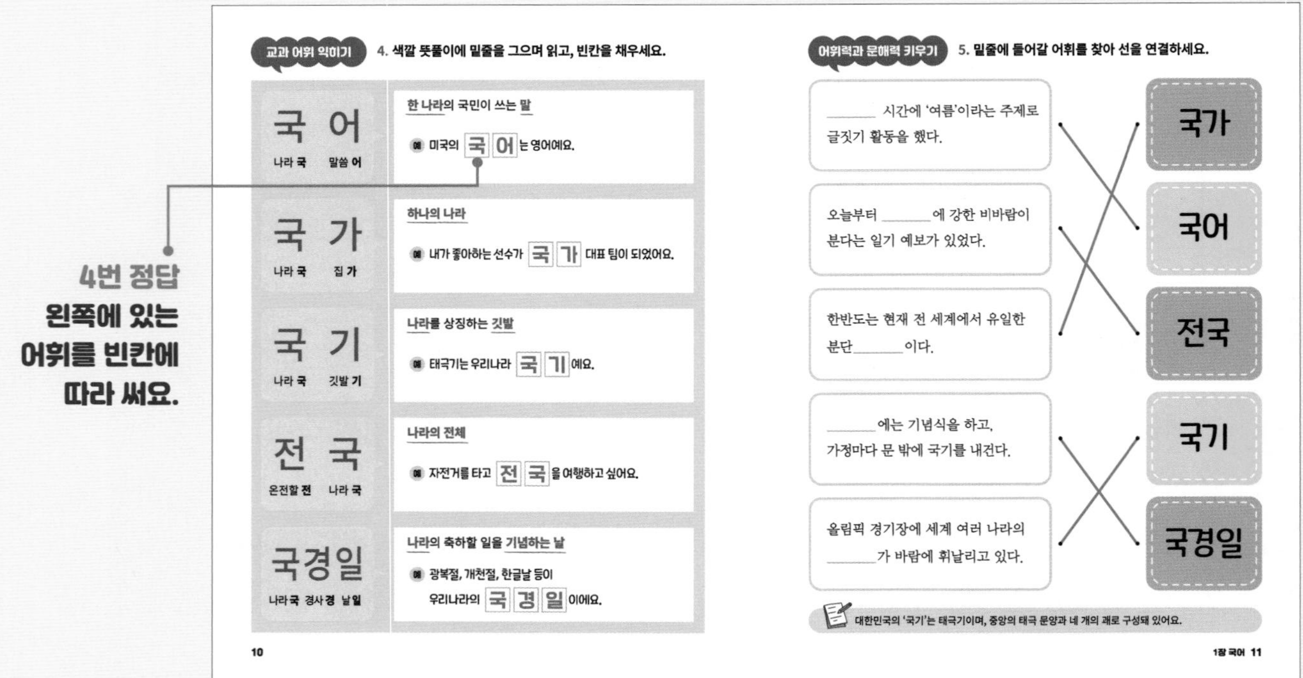

교과 어휘 익히기 4. 색깔 뜻풀이에 밑줄을 그으며 읽고, 빈칸을 채우세요.
국어 나라 국 말씀 어
한 나라의 국민이 쓰는 말
예 미국의 국어는 영어예요.
국가 나라 국 집 가
하나의 나라
예 내가 좋아하는 선수가 국가 대표 팀이 되었어요.
국기 나라 국 깃발 기
나라를 상징하는 깃발
예 태극기는 우리나라 국기예요.
전국 온전할 전 나라 국
나라의 전체
예 자전거를 타고 전국을 여행하고 싶어요.
국경일 나라 국 경사 경 날 일
나라의 축하할 일을 기념하는 날
예 광복절, 개천절, 한글날 등이 우리나라의 국경일이에요.
어휘력과 문해력 키우기 5. 밑줄에 들어갈 어휘를 찾아 선을 연결하세요.
_____ 시간에 '여름'이라는 주제로 글짓기 활동을 했다.
오늘부터 _____에 강한 비바람이 분다는 일기 예보가 있었다.
한반도는 현재 전 세계에서 유일한 분단_____이다.
_____에는 기념식을 하고, 가정마다 문 밖에 국기를 내건다.
올림픽 경기장에 세계 여러 나라의 _____가 바람에 휘날리고 있다.
국가
국어
전국
국기
국경일
대한민국의 '국기'는 태극기이며, 중앙의 태극 문양과 네 개의 괘로 구성돼 있어요.
10
1장 국어 11

* 2일차부터는 1번과 5번 문제 정답만 실었습니다.

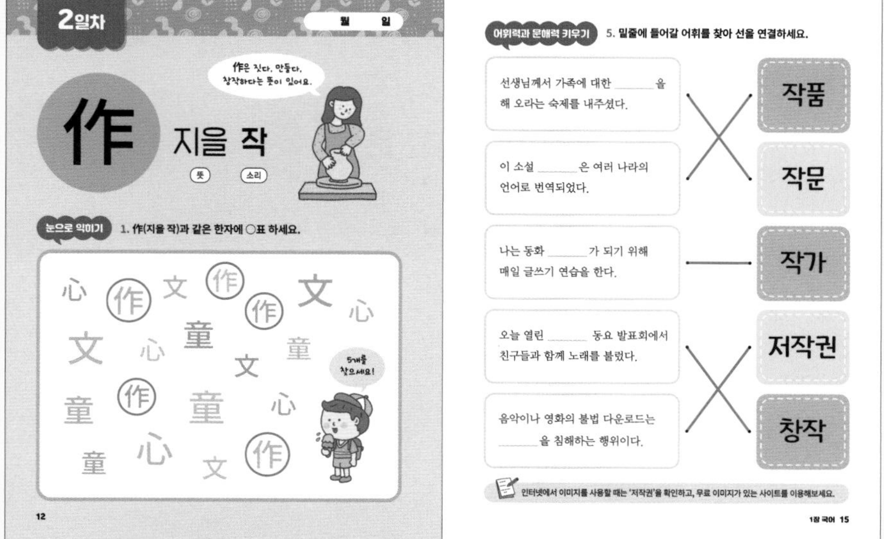
2일차 월 일

作 지을 작
뜻 소리

作은 짓다, 만들다, 창작하다는 뜻이 있어요.

눈으로 익히기 1. 作(지을 작)과 같은 한자에 ○표 하세요.

5개를 찾으세요!

12

어휘력과 문해력 키우기 5. 밑줄에 들어갈 어휘를 찾아 선을 연결하세요.

선생님께서 가족에 대한 ______을 해 오라는 숙제를 내주셨다. — 작문

이 소설 ______은 여러 나라의 언어로 번역되었다. — 작품

나는 동화 ______가 되기 위해 매일 글쓰기 연습을 한다. — 작가

오늘 열린 ______ 동요 발표회에서 친구들과 함께 노래를 불렀다. — 창작

음악이나 영화의 불법 다운로드는 ______을 침해하는 행위이다. — 저작권

인터넷에서 이미지를 사용할 때는 '저작권'을 확인하고, 무료 이미지가 있는 사이트를 이용해보세요.

1장 국어 15

3일차

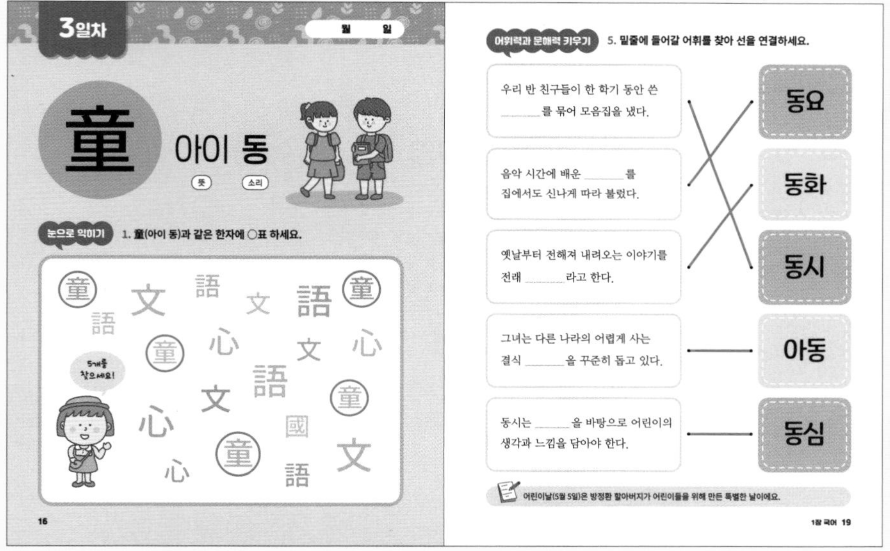
3일차 월 일

童 아이 동
뜻 소리

눈으로 익히기 1. 童(아이 동)과 같은 한자에 ○표 하세요.

5개를 찾으세요!

16

어휘력과 문해력 키우기 5. 밑줄에 들어갈 어휘를 찾아 선을 연결하세요.

우리 반 친구들이 한 학기 동안 쓴 ______를 묶어 모음집을 냈다. — 동시

음악 시간에 배운 ______를 집에서도 신나게 따라 불렀다. — 동요

옛날부터 전해져 내려오는 이야기를 전래 ______라고 한다. — 동화

그녀는 다른 나라의 어렵게 사는 결식 ______을 꾸준히 돕고 있다. — 아동

동시는 ______을 바탕으로 어린이의 생각과 느낌을 담아야 한다. — 동심

어린이날(5월 5일)은 방정환 할아버지가 어린이들을 위해 만든 특별한 날이에요.

1장 국어 19

4일차

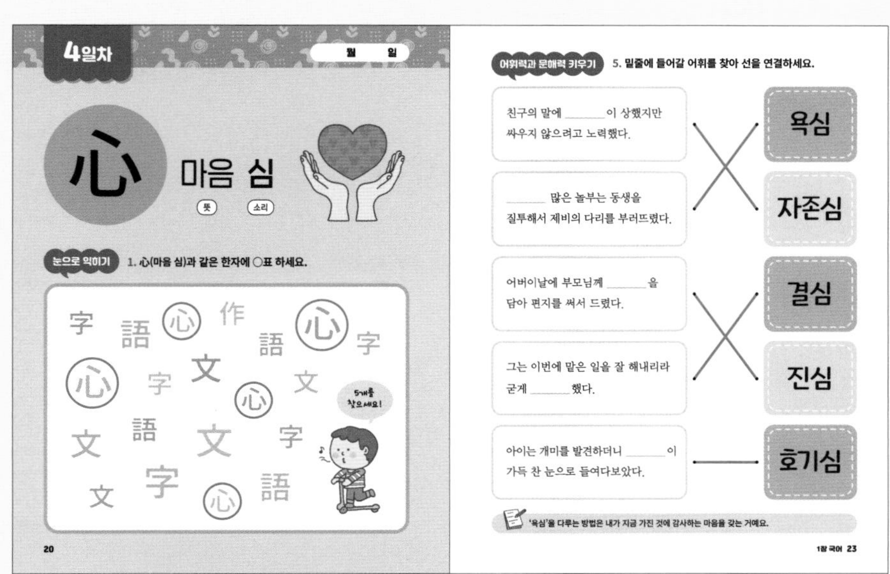
4일차 월 일

心 마음 심
뜻 소리

눈으로 익히기 1. 心(마음 심)과 같은 한자에 ○표 하세요.

5개를 찾으세요!

20

어휘력과 문해력 키우기 5. 밑줄에 들어갈 어휘를 찾아 선을 연결하세요.

친구의 말에 ______이 상했지만 싸우지 않으려고 노력했다. — 자존심

______ 많은 놀부는 동생을 질투해서 제비의 다리를 부러뜨렸다. — 욕심

어버이날에 부모님께 ______을 담아 편지를 써서 드렸다. — 진심

그는 이번에 맡은 일을 잘 해내리라 굳게 ______했다. — 결심

아이는 개미를 발견하더니 ______이 가득 찬 눈으로 들여다보았다. — 호기심

'욕심'을 다루는 방법은 내가 지금 가진 것에 감사하는 마음을 갖는 거예요.

1장 국어 23

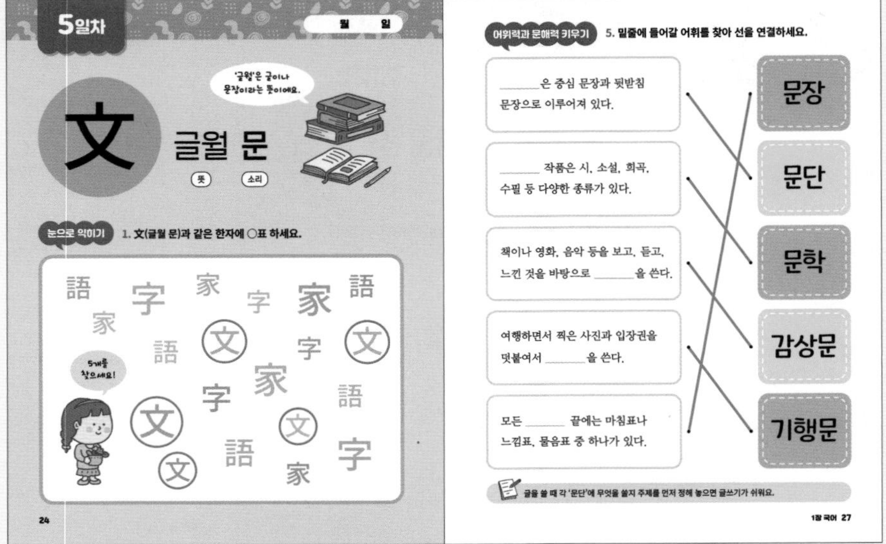

5일차 월 일

'글월'은 글이나 문장이라는 뜻이에요.

文 글월 문
뜻 소리

눈으로 익히기 1. 文(글월 문)과 같은 한자에 ○표 하세요.

5개를 찾으세요!

24

어휘력과 문해력 키우기 5. 밑줄에 들어갈 어휘를 찾아 선을 연결하세요.

_______은 중심 문장과 뒷받침 문장으로 이루어져 있다.

_______ 작품은 시, 소설, 희곡, 수필 등 다양한 종류가 있다.

책이나 영화, 음악 등을 보고, 듣고, 느낀 것을 바탕으로 _______을 쓴다.

여행하면서 찍은 사진과 입장권을 덧붙여서 _______을 쓴다.

모든 _______ 끝에는 마침표나 느낌표, 물음표 중 하나가 있다.

문장 / 문단 / 문학 / 감상문 / 기행문

글을 쓸 때 각 '문단'에 무엇을 쓸지 주제를 먼저 정해 놓으면 글쓰기가 쉬워요.

1장 국어 27

6일차

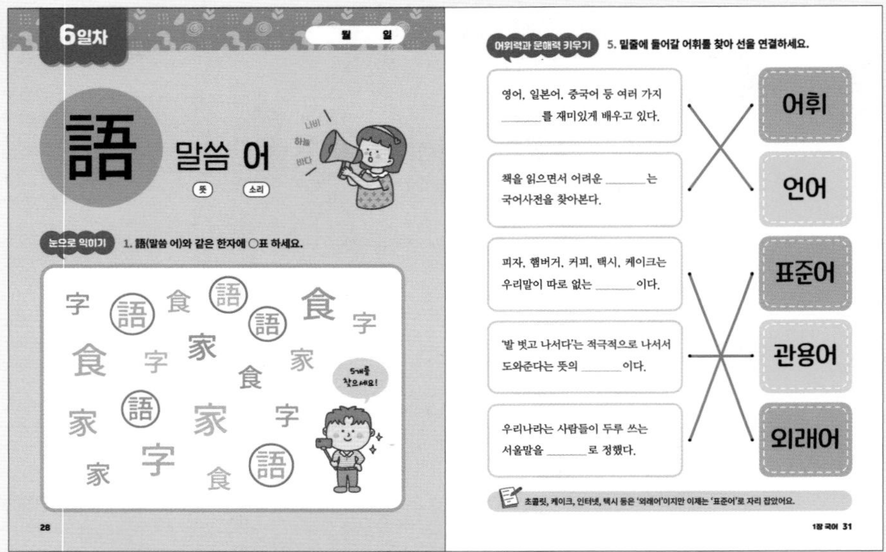

6일차 월 일

語 말씀 어
뜻 소리

눈으로 익히기 1. 語(말씀 어)와 같은 한자에 ○표 하세요.

5개를 찾으세요!

28

어휘력과 문해력 키우기 5. 밑줄에 들어갈 어휘를 찾아 선을 연결하세요.

영어, 일본어, 중국어 등 여러 가지 _______를 재미있게 배우고 있다.

책을 읽으면서 어려운 _______는 국어사전을 찾아본다.

피자, 햄버거, 커피, 택시, 케이크는 우리말이 따로 없는 _______이다.

'발 벗고 나서다'는 적극적으로 나서서 도와준다는 뜻의 _______이다.

우리나라는 사람들이 두루 쓰는 서울말을 _______로 정했다.

어휘 / 언어 / 표준어 / 관용어 / 외래어

초콜릿, 케이크, 인터넷, 택시 등은 '외래어'이지만 이제는 '표준어'로 자리 잡았어요.

1장 국어 31

7일차

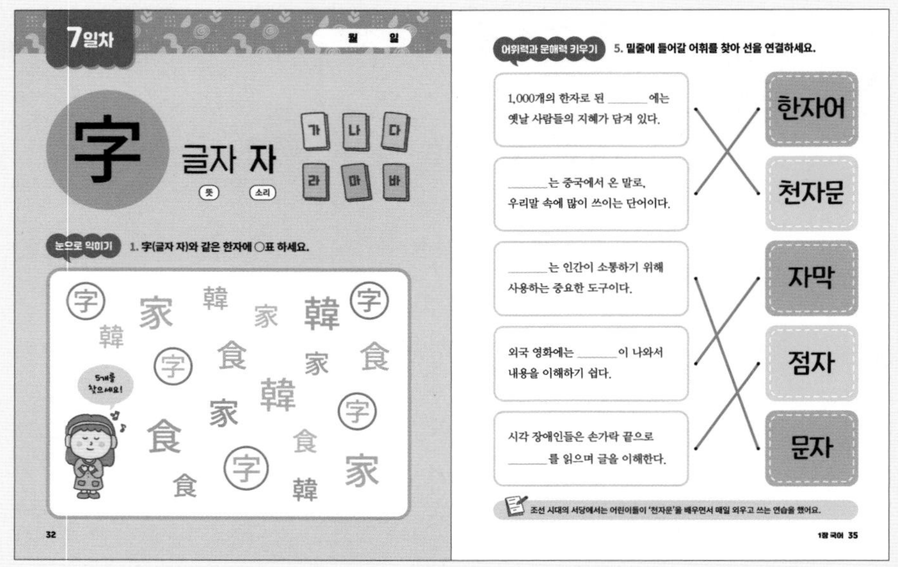

7일차 월 일

字 글자 자
뜻 소리

눈으로 익히기 1. 字(글자 자)와 같은 한자에 ○표 하세요.

5개를 찾으세요!

32

어휘력과 문해력 키우기 5. 밑줄에 들어갈 어휘를 찾아 선을 연결하세요.

1,000개의 한자로 된 _______에는 옛날 사람들의 지혜가 담겨 있다.

_______는 중국에서 온 말로, 우리말 속에 많이 쓰이는 단어이다.

_______는 인간이 소통하기 위해 사용하는 중요한 도구이다.

외국 영화에는 _______이 나와서 내용을 이해하기 쉽다.

시각 장애인들은 손가락 끝으로 _______를 읽으며 글을 이해한다.

한자어 / 천자문 / 자막 / 점자 / 문자

조선 시대의 서당에서는 어린이들이 '천자문'을 배우면서 매일 외우고 쓰는 연습을 했어요.

1장 국어 35

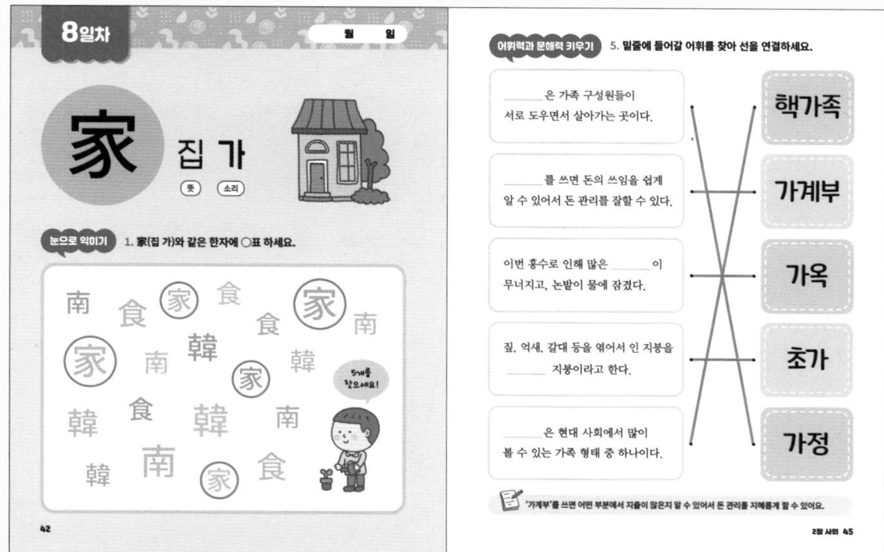

8일차 월 일

家 집 가
뜻 소리

눈으로 익히기 1. 家(집 가)와 같은 한자에 ○표 하세요.

南 食 家 食 食 家 南 家 南 韓 家 韓 韓 食 韓 南 韓 南 家 食

5개를 찾으세요!

42

어휘력과 문해력 키우기 5. 밑줄에 들어갈 어휘를 찾아 선을 연결하세요.

______은 가족 구성원들이 서로 도우면서 살아가는 곳이다.

______를 쓰면 돈의 쓰임을 쉽게 알 수 있어서 돈 관리를 잘할 수 있다.

이번 홍수로 인해 많은 ______이 무너지고, 논밭이 물에 잠겼다.

짚, 억새, 갈대 등을 엮어서 인 지붕을 ______ 지붕이라고 한다.

______은 현대 사회에서 많이 볼 수 있는 가족 형태 중 하나이다.

핵가족
가계부
가옥
초가
가정

'가계부'를 쓰면 어떤 부분에서 지출이 많은지 알 수 있어서 돈 관리를 지혜롭게 할 수 있어요.

2장 사회 45

9일차

9일차 월 일

食 밥 식
뜻 소리

눈으로 익히기 1. 食(밥 식)과 같은 한자에 ○표 하세요.

韓 南 石 南 石 韓 石 韓 食 南 食 石 南 韓 食 食 韓 食 石 南

5개를 찾으세요!

46

어휘력과 문해력 키우기 5. 밑줄에 들어갈 어휘를 찾아 선을 연결하세요.

올바른 ______은 하루 세 끼를 규칙적으로 먹는 것이다.

아침 ______는 건강에 중요하니 꼭 챙겨 먹어야 한다.

우리 가족은 집 근처에 새로 생긴 ______에서 외식을 했다.

운동을 하고 나서 ______으로 빵과 음료수를 맛있게 먹었다.

______는 우리가 살아가는 데 꼭 필요한 옷, 음식, 집을 말한다.

식당
식사
식생활
의식주
간식

미래의 '식사'는 스마트 주방에서 인공지능 셰프가 음식을 자동으로 요리해 줄 거예요.

2장 사회 49

10일차

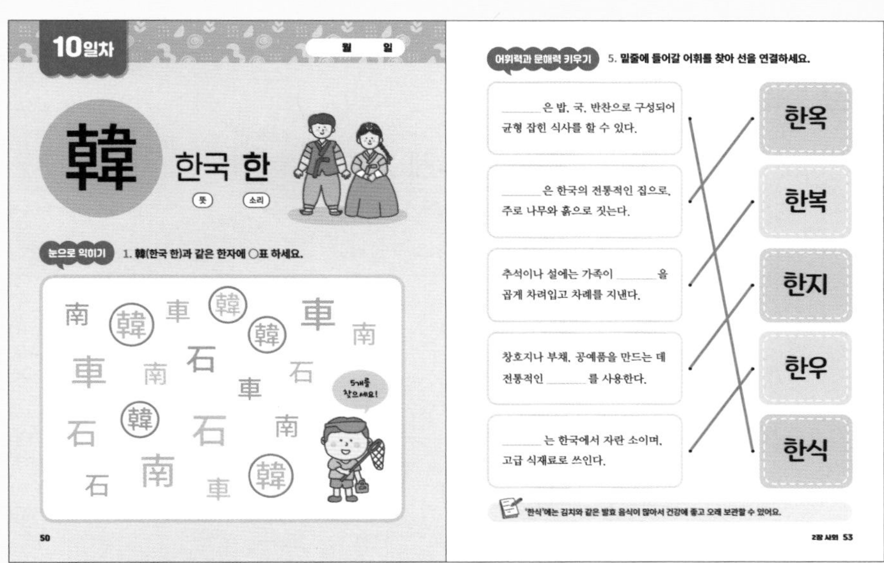

10일차 월 일

韓 한국 한
뜻 소리

눈으로 익히기 1. 韓(한국 한)과 같은 한자에 ○표 하세요.

南 韓 車 韓 韓 車 南 車 南 石 車 石 石 韓 石 南 石 南 車 韓

5개를 찾으세요!

50

어휘력과 문해력 키우기 5. 밑줄에 들어갈 어휘를 찾아 선을 연결하세요.

______은 밥, 국, 반찬으로 구성되어 균형 잡힌 식사를 할 수 있다.

______은 한국의 전통적인 집으로, 주로 나무와 흙으로 짓는다.

추석이나 설에는 가족이 ______을 곱게 차려입고 차례를 지낸다.

창호지나 부채, 공예품을 만드는 데 전통적인 ______를 사용한다.

______는 한국에서 자란 소이며, 고급 식재료로 쓰인다.

한옥
한복
한지
한우
한식

'한식'에는 김치와 같은 발효 음식이 많아서 건강에 좋고 오래 보관할 수 있어요.

2장 사회 53

11일차

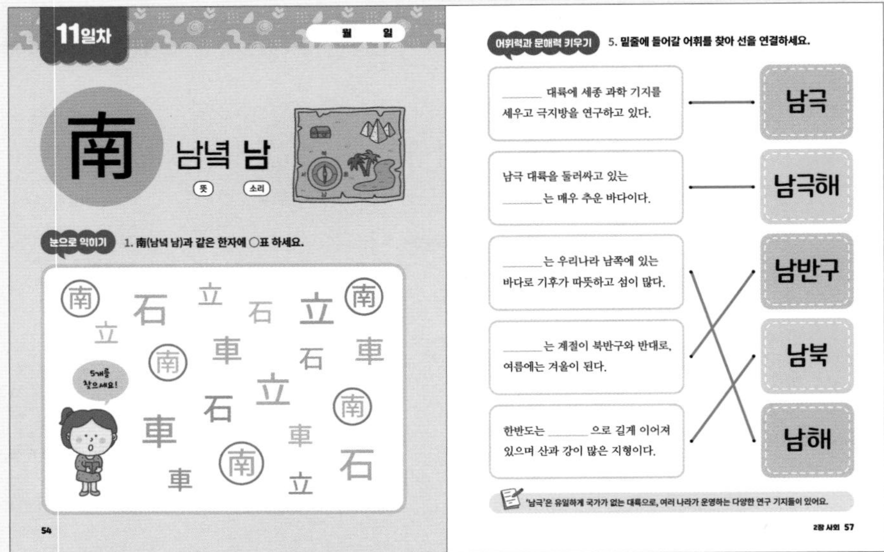

11일차
월 일
南 남녘 남
뜻 소리
눈으로 익히기 1. 南(남녘 남)과 같은 한자에 ○표 하세요.
5개를 찾으세요!
어휘력과 문해력 키우기 5. 밑줄에 들어갈 어휘를 찾아 선을 연결하세요.
_____ 대륙에 세종 과학 기지를 세우고 극지방을 연구하고 있다.
남극 대륙을 둘러싸고 있는 _____는 매우 추운 바다이다.
_____는 우리나라 남쪽에 있는 바다로 기후가 따뜻하고 섬이 많다.
_____는 계절이 북반구와 반대로, 여름에는 겨울이 된다.
한반도는 _____으로 길게 이어져 있으며 산과 강이 많은 지형이다.
남극
남극해
남반구
남북
남해
'남극'은 유일하게 국가가 없는 대륙으로, 여러 나라가 운영하는 다양한 연구 기지들이 있어요.
54
2장 사회 57

12일차

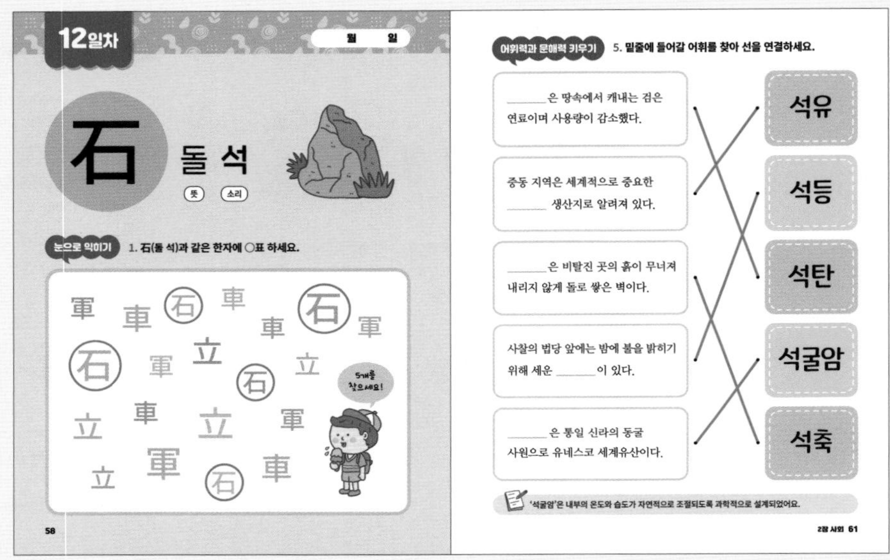

12일차
월 일
石 돌 석
뜻 소리
눈으로 익히기 1. 石(돌 석)과 같은 한자에 ○표 하세요.
5개를 찾으세요!
어휘력과 문해력 키우기 5. 밑줄에 들어갈 어휘를 찾아 선을 연결하세요.
_____은 땅속에서 캐내는 검은 연료이며 사용량이 감소했다.
중동 지역은 세계적으로 중요한 _____ 생산지로 알려져 있다.
_____은 비탈진 곳의 흙이 무너져 내리지 않게 돌로 쌓은 벽이다.
사찰의 법당 앞에는 밤에 불을 밝히기 위해 세운 _____이 있다.
_____은 통일 신라의 동굴 사원으로 유네스코 세계유산이다.
석유
석등
석탄
석굴암
석축
'석굴암'은 내부의 온도와 습도가 자연적으로 조절되도록 과학적으로 설계되었어요.
58
2장 사회 61

13일차

13일차
월 일
車 수레 차
뜻 소리
눈으로 익히기 1. 車(수레 차)와 같은 한자에 ○표 하세요.
5개를 찾으세요!
어휘력과 문해력 키우기 5. 밑줄에 들어갈 어휘를 찾아 선을 연결하세요.
_____는 기름값을 아낄 수 있는 경제적인 자동차이다.
_____는 전기로 움직이는 기차로, 도시의 대중 교통수단 중 하나이다.
버스에 _____할 때 줄을 서서 차례를 지켜야 한다.
승용차, 기차 등 도로나 철도를 달리는 차를 _____이라고 한다.
_____가 출발하기 전에 모두 안전벨트를 착용해야 한다.
차량
자동차
경차
전차
승차
'전차(트램)'는 홍콩, 포르투갈, 체코 등 전 세계 많은 도시에서 관광 명소로도 인기가 있어요.
62
2장 사회 65

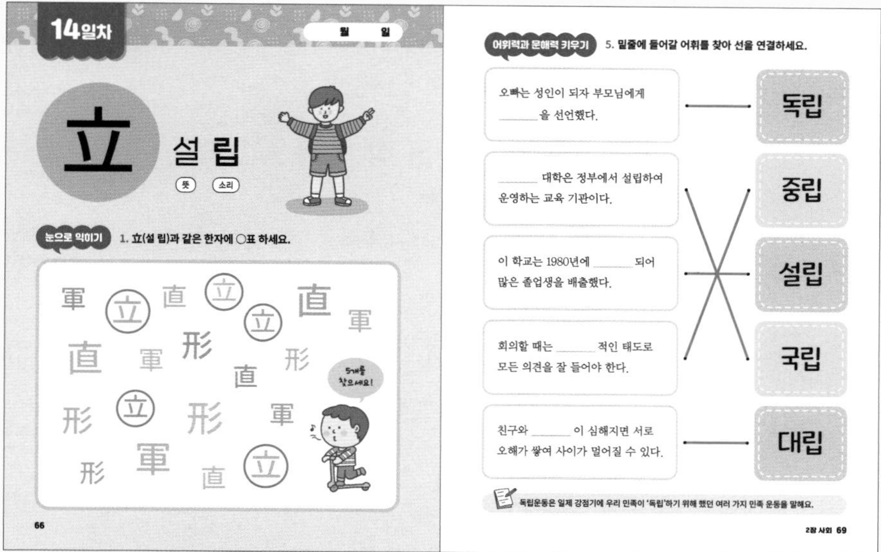

14일차 월 일

立 설 립 (뜻) (소리)

눈으로 익히기 1. 立(설 립)과 같은 한자에 ○표 하세요.

5개를 찾으세요!

66

어휘력과 문해력 키우기 5. 밑줄에 들어갈 어휘를 찾아 선을 연결하세요.

- 오빠는 성인이 되자 부모님에게 ______을 선언했다. — 독립
- ______ 대학은 정부에서 설립하여 운영하는 교육 기관이다. — 국립
- 이 학교는 1980년에 ______ 되어 많은 졸업생을 배출했다. — 설립
- 회의할 때는 ______적인 태도로 모든 의견을 잘 들어야 한다. — 중립
- 친구와 ______이 심해지면 서로 오해가 쌓여 사이가 멀어질 수 있다. — 대립

독립운동은 일제 강점기에 우리 민족이 '독립'하기 위해 했던 여러 가지 민족 운동을 말해요.

2장 사회 69

15일차

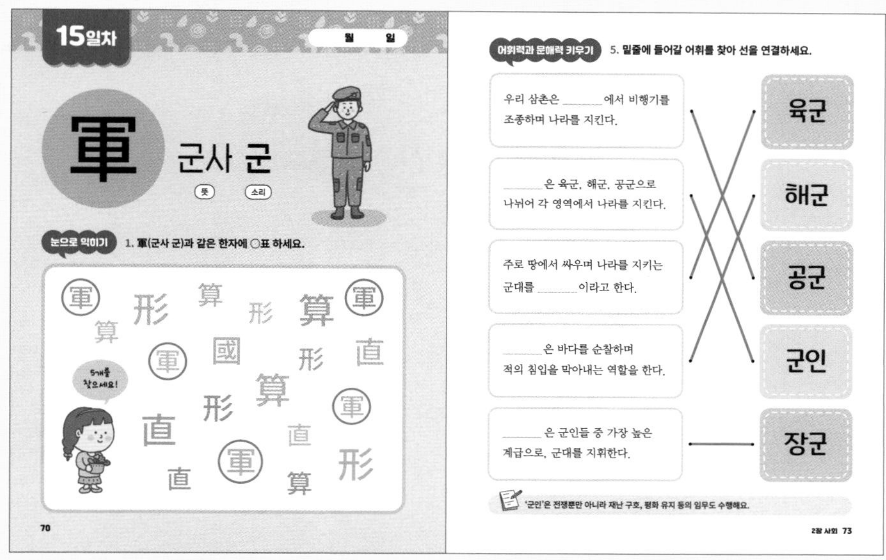

15일차 월 일

軍 군사 군 (뜻) (소리)

눈으로 익히기 1. 軍(군사 군)과 같은 한자에 ○표 하세요.

5개를 찾으세요!

70

어휘력과 문해력 키우기 5. 밑줄에 들어갈 어휘를 찾아 선을 연결하세요.

- 우리 삼촌은 ______에서 비행기를 조종하며 나라를 지킨다. — 공군
- ______은 육군, 해군, 공군으로 나뉘어 각 영역에서 나라를 지킨다. — 군인
- 주로 땅에서 싸우며 나라를 지키는 군대를 ______이라고 한다. — 육군
- ______은 바다를 순찰하며 적의 침입을 막아내는 역할을 한다. — 해군
- ______은 군인들 중 가장 높은 계급으로, 군대를 지휘한다. — 장군

'군인'은 전쟁뿐만 아니라 재난 구호, 평화 유지 등의 임무도 수행해요.

2장 사회 73

16일차

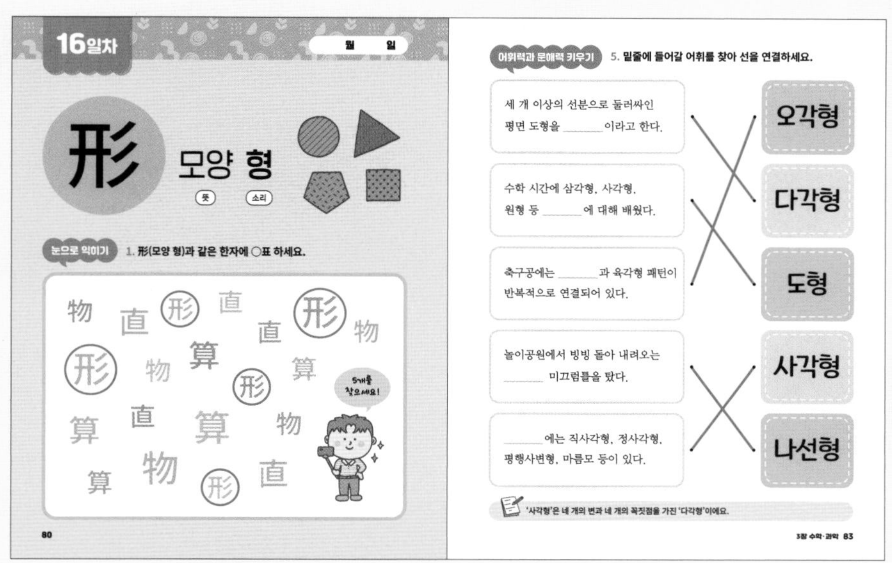

16일차 월 일

形 모양 형 (뜻) (소리)

눈으로 익히기 1. 形(모양 형)과 같은 한자에 ○표 하세요.

5개를 찾으세요!

80

어휘력과 문해력 키우기 5. 밑줄에 들어갈 어휘를 찾아 선을 연결하세요.

- 세 개 이상의 선분으로 둘러싸인 평면 도형을 ______이라고 한다. — 다각형
- 수학 시간에 삼각형, 사각형, 원형 등 ______에 대해 배웠다. — 도형
- 축구공에는 ______과 육각형 패턴이 반복적으로 연결되어 있다. — 오각형
- 놀이공원에서 빙빙 돌아 내려오는 ______ 미끄럼틀을 탔다. — 나선형
- ______에는 직사각형, 정사각형, 평행사변형, 마름모 등이 있다. — 사각형

'사각형'은 네 개의 변과 네 개의 꼭짓점을 가진 '다각형'이에요.

3장 수학·과학 83

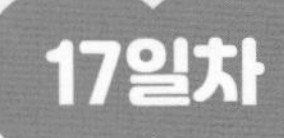

17일차 월 일

直 곧을 직
뜻 소리

'곧다'는 비뚤어지지 않고 똑바르다는 뜻이에요.

눈으로 익히기 1. 直(곧을 직)과 같은 한자에 ○표 하세요.

算 物 月 物 月 算 月 算 直 物 直 月 物 算 直 直 算 物 直 月

5개를 찾으세요!

84

어휘력과 문해력 키우기 5. 밑줄에 들어갈 어휘를 찾아 선을 연결하세요.

한 점에서 한쪽으로 끝없이 늘인 곧은 선을 ______이라고 한다. — 반직선

______은 직선에 음의 정수와 양의 정수를 눈금 표시한 것이다. — 수직선

______은 수학에서 선분을 양쪽으로 끝없이 늘인 곧은 선을 가리킨다. — 직선

다이빙을 할 때 ______으로 입수해야 물이 튀지 않고 다치지 않는다. — 수직

그는 몸이 ______이 될 정도로 굽혀 인사를 하며 손님을 맞이했다. — 직각

'수직(垂直)'의 수(垂, 드리울 수)와 '수직선(數直線)'의 수(數, 셈 수)는 다른 한자로 뜻이 달라요.

3장 수학·과학 87

18일차

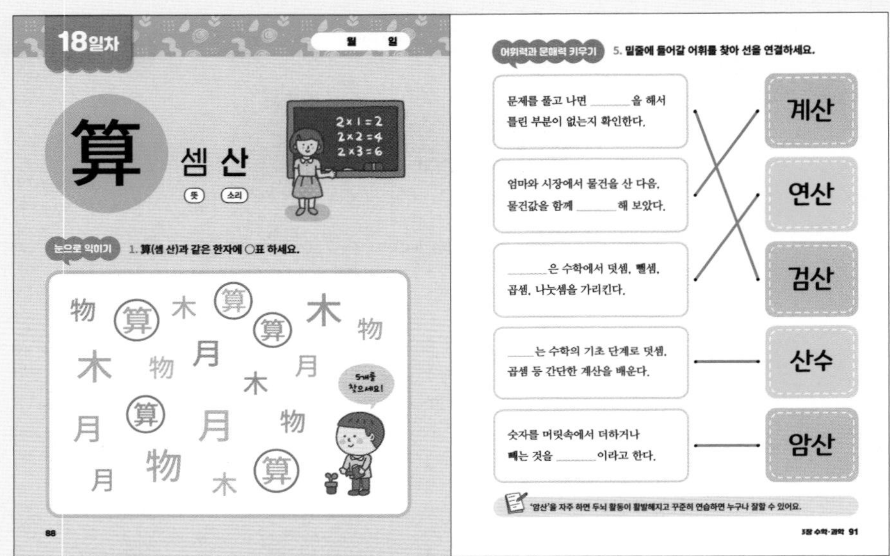
18일차 월 일

算 셈 산
뜻 소리

눈으로 익히기 1. 算(셈 산)과 같은 한자에 ○표 하세요.

物 算 木 算 算 木 物 木 物 月 木 月 月 算 月 物 月 物 木 算

5개를 찾으세요!

88

어휘력과 문해력 키우기 5. 밑줄에 들어갈 어휘를 찾아 선을 연결하세요.

문제를 풀고 나면 ______을 해서 틀린 부분이 없는지 확인한다. — 검산

엄마와 시장에서 물건을 산 다음, 물건값을 함께 ______해 보았다. — 계산

______은 수학에서 덧셈, 뺄셈, 곱셈, 나눗셈을 가리킨다. — 연산

______는 수학의 기초 단계로 덧셈, 곱셈 등 간단한 계산을 배운다. — 산수

숫자를 머릿속에서 더하거나 빼는 것을 ______이라고 한다. — 암산

'암산'을 자주 하면 두뇌 활동이 활발해지고 꾸준히 연습하면 누구나 잘할 수 있어요.

3장 수학·과학 91

19일차

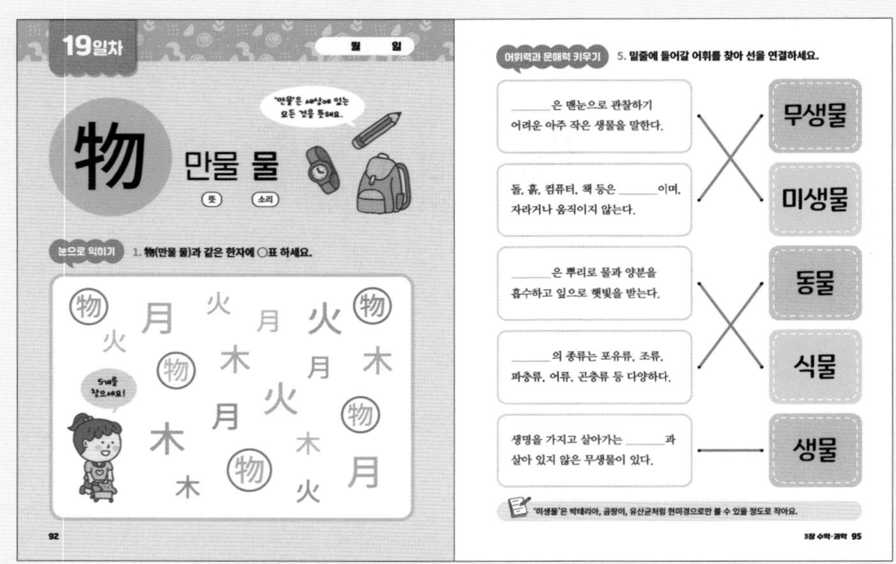
19일차 월 일

物 만물 물
뜻 소리

'만물'은 세상에 있는 모든 것을 뜻해요.

눈으로 익히기 1. 物(만물 물)과 같은 한자에 ○표 하세요.

物 月 火 月 火 物 火 物 木 月 木 火 月 物 木 木 物 月 木 火

5개를 찾으세요!

92

어휘력과 문해력 키우기 5. 밑줄에 들어갈 어휘를 찾아 선을 연결하세요.

______은 맨눈으로 관찰하기 어려운 아주 작은 생물을 말한다. — 미생물

돌, 흙, 컴퓨터, 책 등은 ______이며, 자라거나 움직이지 않는다. — 무생물

______은 뿌리로 물과 양분을 흡수하고 잎으로 햇빛을 받는다. — 식물

______의 종류는 포유류, 조류, 파충류, 어류, 곤충류 등 다양하다. — 동물

생명을 가지고 살아가는 ______과 살아 있지 않은 무생물이 있다. — 생물

'미생물'은 박테리아, 곰팡이, 유산균처럼 현미경으로만 볼 수 있을 정도로 작아요.

3장 수학·과학 95

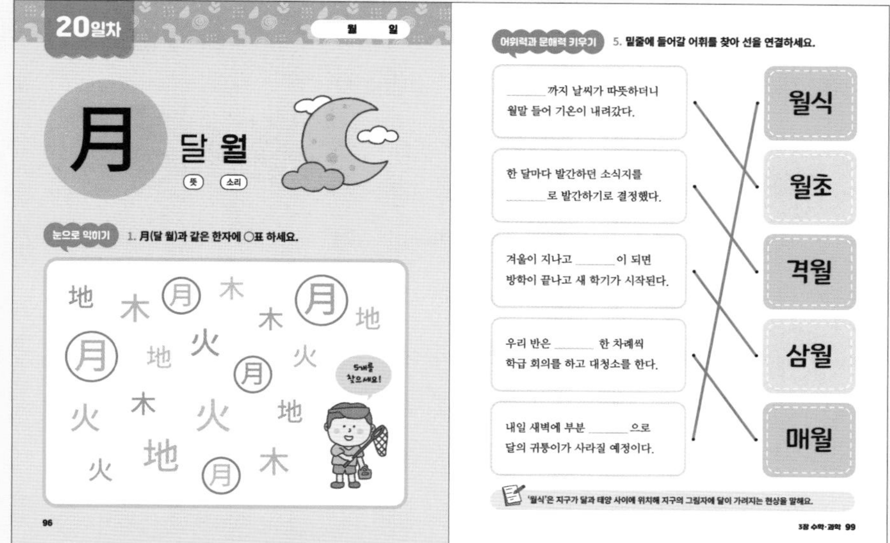

20일차

월 일

月 달 월

뜻 소리

눈으로 익히기 1. 月(달 월)과 같은 한자에 ○표 하세요.

어휘력과 문해력 키우기 5. 밑줄에 들어갈 어휘를 찾아 선을 연결하세요.

_______까지 날씨가 따뜻하더니 월말 들어 기온이 내려갔다.

한 달마다 발간하던 소식지를 _______로 발간하기로 결정했다.

겨울이 지나고 _______이 되면 방학이 끝나고 새 학기가 시작된다.

우리 반은 _______ 한 차례씩 학급 회의를 하고 대청소를 한다.

내일 새벽에 부분 _______으로 달의 귀퉁이가 사라질 예정이다.

월식 / 월초 / 격월 / 삼월 / 매월

'월식'은 지구가 달과 태양 사이에 위치해 지구의 그림자에 달이 가려지는 현상을 말해요.

21일차

21일차

월 일

木 나무 목

뜻 소리

눈으로 익히기 1. 木(나무 목)과 같은 한자에 ○표 하세요.

어휘력과 문해력 키우기 5. 밑줄에 들어갈 어휘를 찾아 선을 연결하세요.

_______은 식물을 연구하는 곳이며, 사람들에게 휴식처도 되어 준다.

_______을 맞아 '식물'을 주제로 그림 그리기 대회를 했다.

_______은 학교를 상징하는 나무로, 시원한 그늘을 만들어 준다.

봄이 되면 온갖 _______에 파릇한 싹이 트고 자라나 푸르러진다.

우리 할아버지는 _______로 일하며, 멋진 가구를 만든다.

식목일 / 수목원 / 목수 / 초목 / 교목

'식목일'은 나무를 심고 아껴 가꾸도록 권장하기 위해 국가에서 정한 날이에요.

22일차

22일차

월 일

火 불 화

뜻 소리

눈으로 익히기 1. 火(불 화)와 같은 한자에 ○표 하세요.

어휘력과 문해력 키우기 5. 밑줄에 들어갈 어휘를 찾아 선을 연결하세요.

뜨거운 햇볕 아래 오랜 시간 있으면 피부에 _______을 입을 수 있다.

_______가 발생하면 빨리 119에 신고하고 대피해야 한다.

_______은 물질을 가열할 때 불에 타기 시작하는 최저 온도를 말한다.

건물에는 각 층마다 화재를 대비해 _______가 비치되어 있다.

_______은 땅속 깊은 곳에서 뜨거운 마그마가 올라와 생긴다.

화재 / 화상 / 소화기 / 화산 / 발화점

휴화산은 오랫동안 분출하지 않았지만, 언제든 다시 분출할 수 있는 '화산'을 의미해요.

23일차

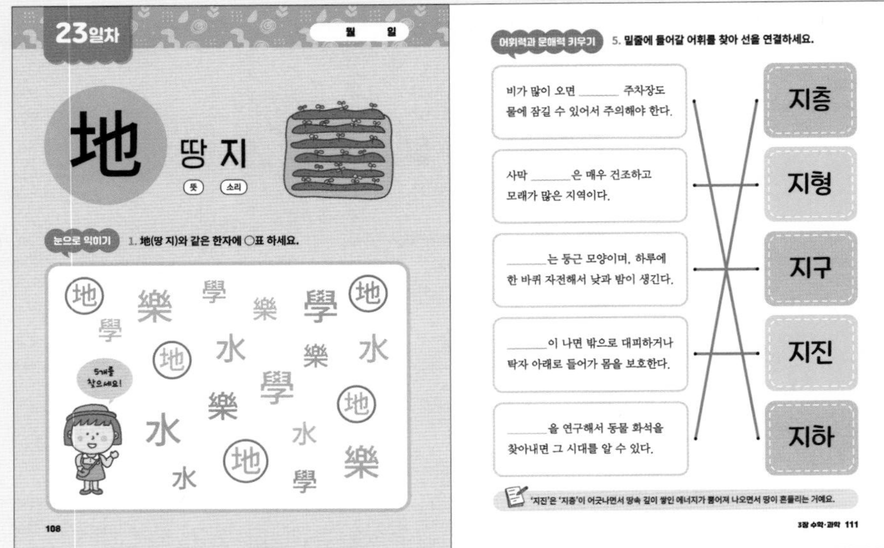

23일차
월 일
地 땅 지
뜻 소리
눈으로 익히기 1. 地(땅 지)와 같은 한자에 ○표 하세요.
5개를 찾으세요!
어휘력과 문해력 키우기 5. 밑줄에 들어갈 어휘를 찾아 선을 연결하세요.
비가 많이 오면 ______ 주차장도 물에 잠길 수 있어서 주의해야 한다.
사막 ______은 매우 건조하고 모래가 많은 지역이다.
______는 둥근 모양이며, 하루에 한 바퀴 자전해서 낮과 밤이 생긴다.
______이 나면 밖으로 대피하거나 탁자 아래로 들어가 몸을 보호한다.
______을 연구해서 동물 화석을 찾아내면 그 시대를 알 수 있다.
지층
지형
지구
지진
지하
'지진'은 '지층'이 어긋나면서 땅속 깊이 쌓인 에너지가 풀어져 나오면서 땅이 흔들리는 거예요.
108
3장 수학·과학 111

24일차

24일차
월 일
樂 음악 악
뜻 소리
눈으로 익히기 1. 樂(음악 악)과 같은 한자에 ○표 하세요.
5개를 찾으세요!
어휘력과 문해력 키우기 5. 밑줄에 들어갈 어휘를 찾아 선을 연결하세요.
선생님이 주신 ______를 보면서 피아노 연습을 했다.
______는 바이올린과 첼로처럼 줄로 소리를 내는 악기이다.
______는 나무로 만든 목관 악기와 금속으로 만든 금관 악기가 있다.
우리 집에는 피아노, 바이올린, 기타 등 다양한 ______가 있다.
______은 우리나라 전통 음악으로, 장구, 가야금, 해금 등으로 연주한다.
관악기
현악기
악보
국악
악기
가야금과 해금은 우리나라의 전통 '현악기'로, 줄의 진동으로 소리를 내요.
118
4장 예체능·학교생활 121

25일차

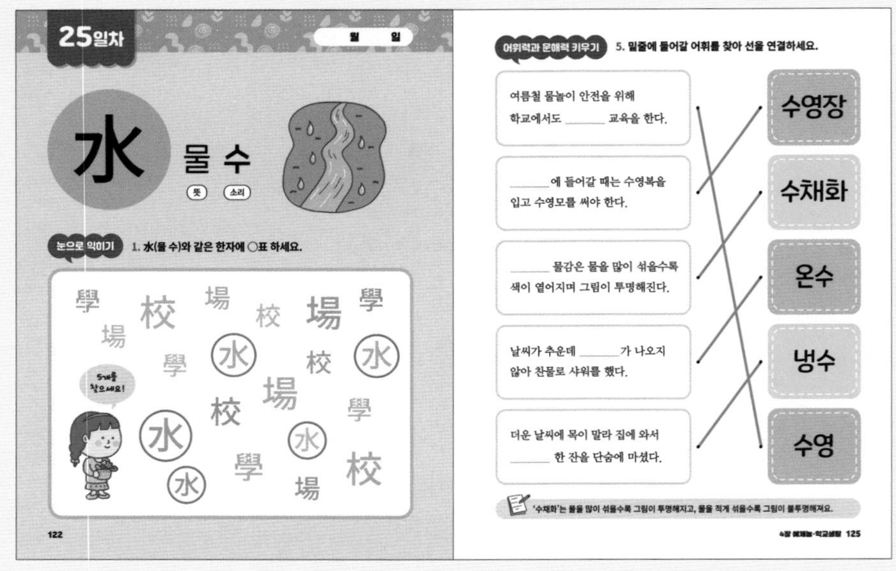

25일차
월 일
水 물 수
뜻 소리
눈으로 익히기 1. 水(물 수)와 같은 한자에 ○표 하세요.
5개를 찾으세요!
어휘력과 문해력 키우기 5. 밑줄에 들어갈 어휘를 찾아 선을 연결하세요.
여름철 물놀이 안전을 위해 학교에서도 ______ 교육을 한다.
______에 들어갈 때는 수영복을 입고 수영모를 써야 한다.
______ 물감은 물을 많이 섞을수록 색이 옅어지며 그림이 투명해진다.
날씨가 추운데 ______가 나오지 않아 찬물로 샤워를 했다.
더운 날씨에 목이 말라 집에 와서 ______ 한 잔을 단숨에 마셨다.
수영장
수채화
온수
냉수
수영
'수채화'는 물을 많이 섞을수록 그림이 투명해지고, 물을 적게 섞을수록 그림이 불투명해져요.
122
4장 예체능·학교생활 125

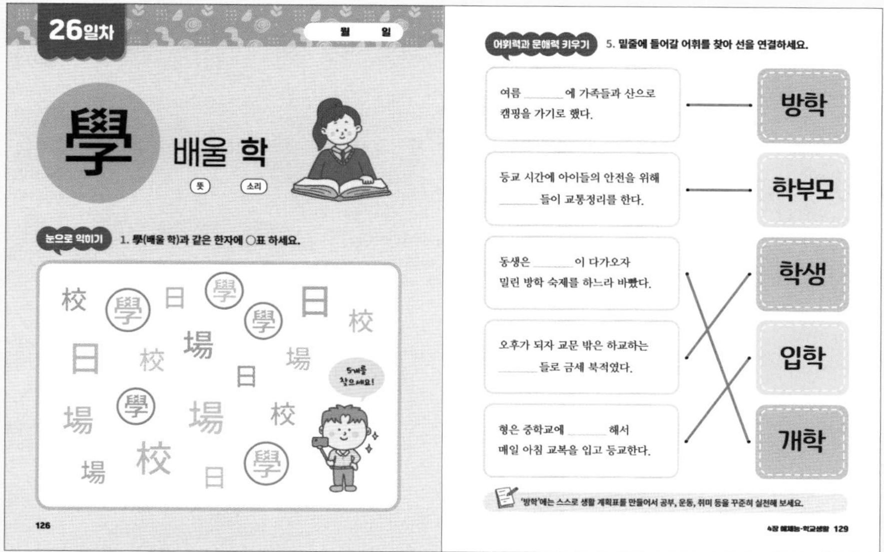
26일차

學 배울 학

뜻 소리

눈으로 익히기 1. 學(배울 학)과 같은 한자에 ○표 하세요.

5개를 찾으세요!

어휘력과 문해력 키우기 5. 밑줄에 들어갈 어휘를 찾아 선을 연결하세요.

여름 ______에 가족들과 산으로 캠핑을 가기로 했다. — 방학

등교 시간에 아이들의 안전을 위해 ______들이 교통정리를 한다. — 학부모

동생은 ______이 다가오자 밀린 방학 숙제를 하느라 바빴다. — 개학

오후가 되자 교문 밖은 하교하는 ______들로 금세 북적였다. — 학생

형은 중학교에 ______해서 매일 아침 교복을 입고 등교한다. — 입학

'방학'에는 스스로 생활 계획표를 만들어서 공부, 운동, 취미 등을 꾸준히 실천해 보세요.

126 129

27일차

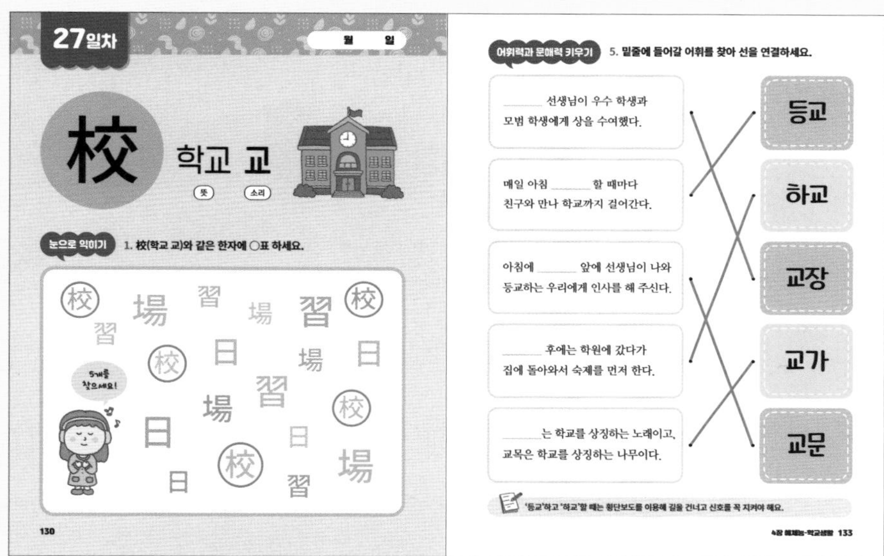
27일차

校 학교 교

뜻 소리

눈으로 익히기 1. 校(학교 교)와 같은 한자에 ○표 하세요.

5개를 찾으세요!

어휘력과 문해력 키우기 5. 밑줄에 들어갈 어휘를 찾아 선을 연결하세요.

______ 선생님이 우수 학생과 모범 학생에게 상을 수여했다. — 교장

매일 아침 ______할 때마다 친구와 만나 학교까지 걸어간다. — 등교

아침에 ______ 앞에 선생님이 나와 등교하는 우리에게 인사를 해 주신다. — 교문

______ 후에는 학원에 갔다가 집에 돌아와서 숙제를 먼저 한다. — 하교

______는 학교를 상징하는 노래이고, 교목은 학교를 상징하는 나무이다. — 교가

'등교'하고 '하교'할 때는 횡단보도를 이용해 길을 건너고 신호를 꼭 지켜야 해요.

130 133

28일차

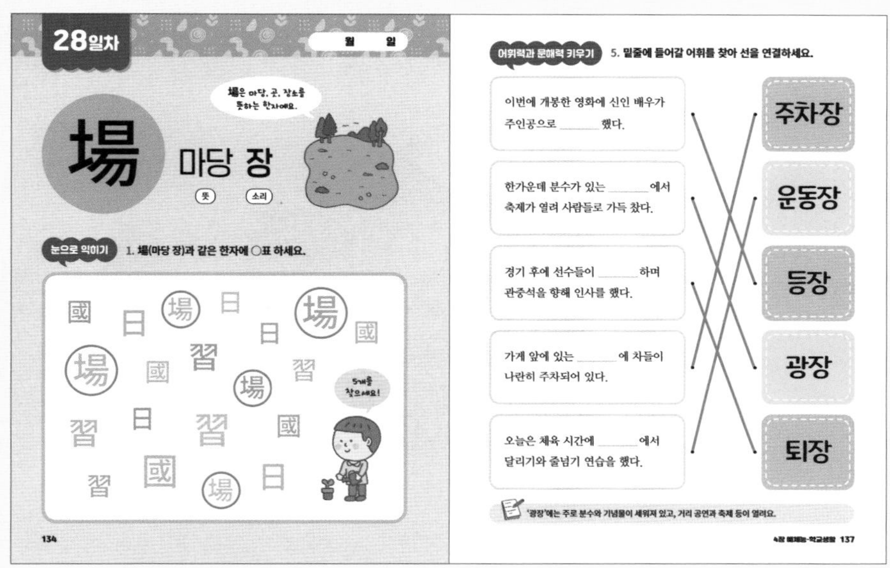
28일차

場 마당 장

場은 마당, 곳, 장소를 뜻하는 한자예요.

뜻 소리

눈으로 익히기 1. 場(마당 장)과 같은 한자에 ○표 하세요.

5개를 찾으세요!

어휘력과 문해력 키우기 5. 밑줄에 들어갈 어휘를 찾아 선을 연결하세요.

이번에 개봉한 영화에 신인 배우가 주인공으로 ______했다. — 등장

한가운데 분수가 있는 ______에서 축제가 열려 사람들로 가득 찼다. — 광장

경기 후에 선수들이 ______하며 관중석을 향해 인사를 했다. — 퇴장

가게 앞에 있는 ______에 차들이 나란히 주차되어 있다. — 주차장

오늘은 체육 시간에 ______에서 달리기와 줄넘기 연습을 했다. — 운동장

'광장'에는 주로 분수와 기념물이 세워져 있고, 거리 공연과 축제 등이 열려요.

134 137

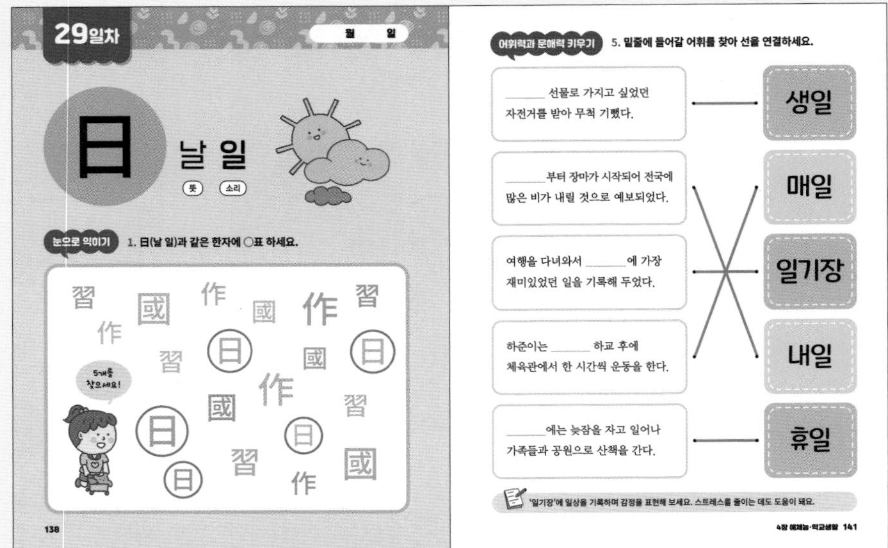

29일차 월 일

日 날 일

뜻 소리

눈으로 익히기 1. 日(날 일)과 같은 한자에 ○표 하세요.

5개를 찾으세요!

어휘력과 문해력 키우기 5. 밑줄에 들어갈 어휘를 찾아 선을 연결하세요.

______ 선물로 가지고 싶었던 자전거를 받아 무척 기뻤다. — 생일

______부터 장마가 시작되어 전국에 많은 비가 내릴 것으로 예보되었다. — 내일

여행을 다녀와서 ______에 가장 재미있었던 일을 기록해 두었다. — 일기장

하준이는 ______ 하교 후에 체육관에서 한 시간씩 운동을 한다. — 매일

______에는 늦잠을 자고 일어나 가족들과 공원으로 산책을 간다. — 휴일

'일기장'에 일상을 기록하며 감정을 표현해 보세요. 스트레스를 줄이는 데도 도움이 돼요.

138 4장 예체능·학교생활 141

30일차

30일차 월 일

習 익힐 습

뜻 소리

눈으로 익히기 1. 習(익힐 습)과 같은 한자에 ○표 하세요.

5개를 찾으세요!

어휘력과 문해력 키우기 5. 밑줄에 들어갈 어휘를 찾아 선을 연결하세요.

일찍 자고 일찍 일어나는 ______이 건강을 지키는 데 매우 좋다. — 습관

학생들이 집에서 컴퓨터나 패드로 온라인 ______을 할 수 있다. — 학습

수진이는 내일 수학 시간에 배울 내용을 미리 ______했다. — 예습

오늘 배운 내용을 집에 돌아와서 ______하면 더욱 오래 기억된다. — 복습

공연을 앞두고 매일 늦은 시간까지 연극 ______을 하고 있다. — 연습

긍정적으로 생각하는 '습관'은 생활을 하면서 작은 것에도 행복을 느끼게 해 줘요.

142 4장 예체능·학교생활 145

1장 복습

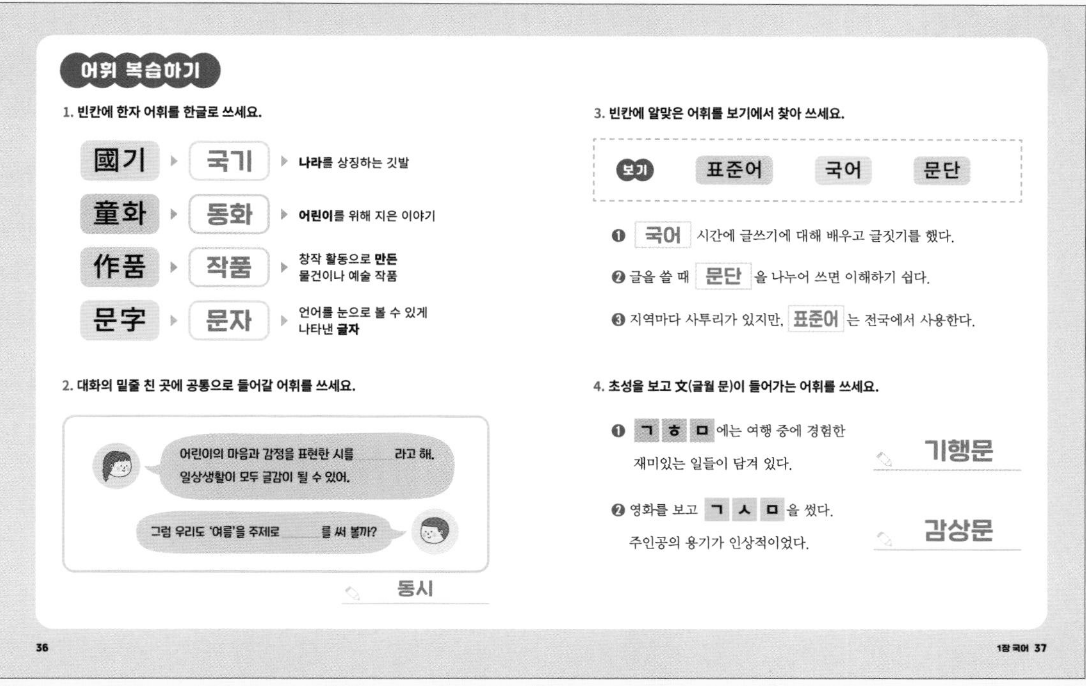

어휘 복습하기

1. 빈칸에 한자 어휘를 한글로 쓰세요.

한자 어휘	한글	뜻
國기	국기	나라를 상징하는 깃발
童화	동화	어린이를 위해 지은 이야기
作품	작품	창작 활동으로 만든 물건이나 예술 작품
문字	문자	언어를 눈으로 볼 수 있게 나타낸 글자

2. 대화의 밑줄 친 곳에 공통으로 들어갈 어휘를 쓰세요.

어린이의 마음과 감정을 표현한 시를 ______ 라고 해. 일상생활이 모두 글감이 될 수 있어.
그럼 우리도 '여름'을 주제로 ______ 를 써 볼까?

동시

3. 빈칸에 알맞은 어휘를 보기에서 찾아 쓰세요.

보기: 표준어 국어 문단

❶ 국어 시간에 글쓰기에 대해 배우고 글짓기를 했다.

❷ 글을 쓸 때 문단 을 나누어 쓰면 이해하기 쉽다.

❸ 지역마다 사투리가 있지만, 표준어 는 전국에서 사용한다.

4. 초성을 보고 文(글월 문)이 들어가는 어휘를 쓰세요.

❶ ㄱ ㅎ ㅁ 에는 여행 중에 경험한 재미있는 일들이 담겨 있다. — 기행문

❷ 영화를 보고 ㄱ ㅅ ㅁ 을 썼다. 주인공의 용기가 인상적이었다. — 감상문

36 1장 국어 37

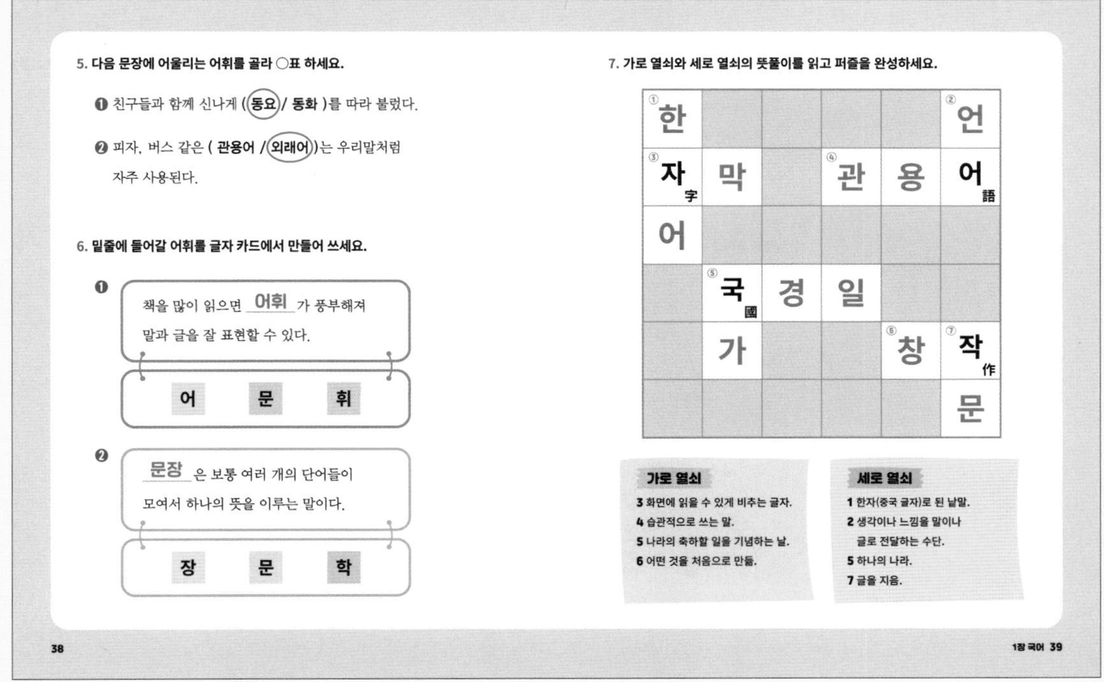

5. 다음 문장에 어울리는 어휘를 골라 ○표 하세요.

❶ 친구들과 함께 신나게 ((동요) / 동화)를 따라 불렀다.

❷ 피자, 버스 같은 (관용어 / (외래어))는 우리말처럼 자주 사용된다.

6. 밑줄에 들어갈 어휘를 글자 카드에서 만들어 쓰세요.

❶ 책을 많이 읽으면 어휘 가 풍부해져 말과 글을 잘 표현할 수 있다.

글자 카드: 어 문 휘

❷ 문장 은 보통 여러 개의 단어들이 모여서 하나의 뜻을 이루는 말이다.

글자 카드: 장 문 학

7. 가로 열쇠와 세로 열쇠의 뜻풀이를 읽고 퍼즐을 완성하세요.

①한					②언
③자 字	막		④관	용	어 語
어					
	⑤국 國	경	일		
	가			⑥창	⑦작 作
					문

가로 열쇠
3 화면에 읽을 수 있게 비추는 글자.
4 습관적으로 쓰는 말.
5 나라의 축하할 일을 기념하는 날.
6 어떤 것을 처음으로 만듦.

세로 열쇠
1 한자(중국 글자)로 된 낱말.
2 생각이나 느낌을 말이나 글로 전달하는 수단.
5 하나의 나라.
7 글을 지음.

38 1장 국어 39

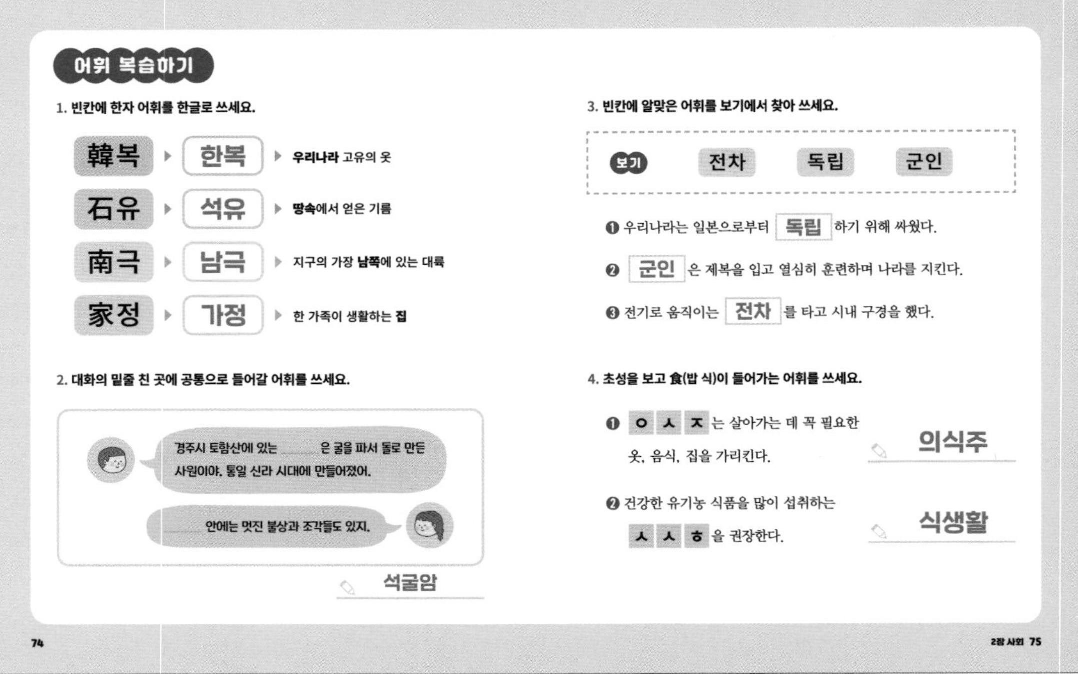

어휘 복습하기

1. 빈칸에 한자 어휘를 한글로 쓰세요.

韓복	한복	우리나라 고유의 옷
石유	석유	땅속에서 얻은 기름
南극	남극	지구의 가장 남쪽에 있는 대륙
家정	가정	한 가족이 생활하는 집

2. 대화의 밑줄 친 곳에 공통으로 들어갈 어휘를 쓰세요.

경주시 토함산에 있는 ______ 은 굴을 파서 돌로 만든 사원이야. 통일 신라 시대에 만들어졌어.
______ 안에는 멋진 불상과 조각들도 있지.

석굴암

3. 빈칸에 알맞은 어휘를 보기에서 찾아 쓰세요.

보기 전차 독립 군인

❶ 우리나라는 일본으로부터 독립 하기 위해 싸웠다.

❷ 군인 은 제복을 입고 열심히 훈련하며 나라를 지킨다.

❸ 전기로 움직이는 전차 를 타고 시내 구경을 했다.

4. 초성을 보고 食(밥 식)이 들어가는 어휘를 쓰세요.

❶ ㅇ ㅅ ㅈ 는 살아가는 데 꼭 필요한 옷, 음식, 집을 가리킨다. 의식주

❷ 건강한 유기농 식품을 많이 섭취하는 ㅅ ㅅ ㅎ 을 권장한다. 식생활

74 2장 사회 75

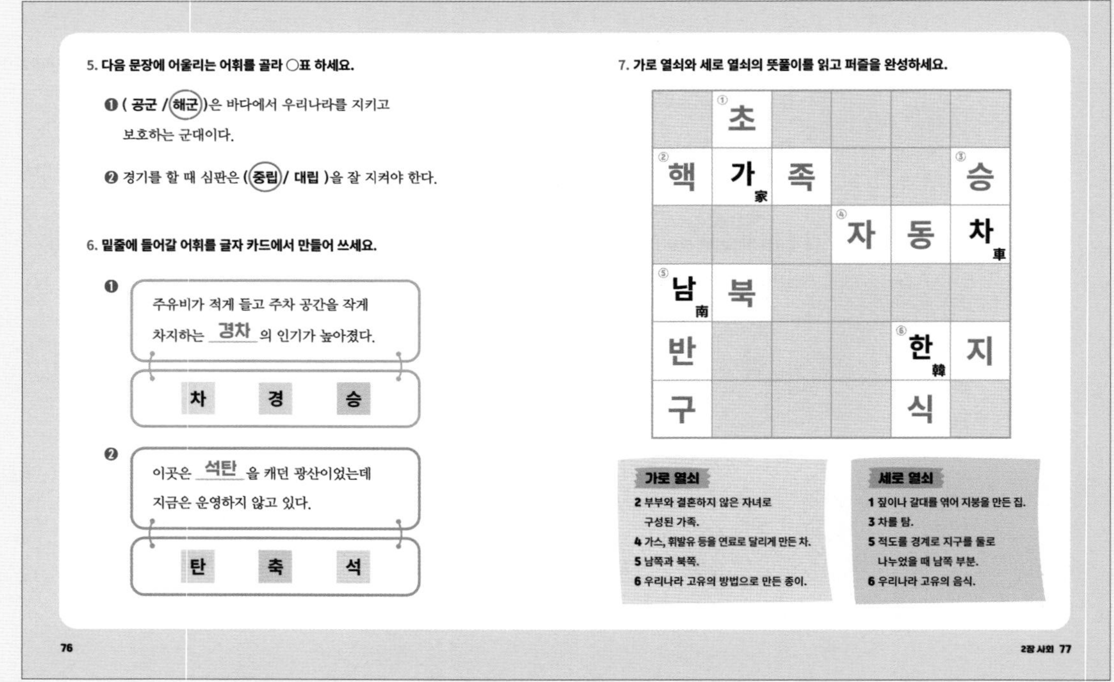

5. 다음 문장에 어울리는 어휘를 골라 ○표 하세요.

❶ (공군 / 해군)은 바다에서 우리나라를 지키고 보호하는 군대이다.

❷ 경기를 할 때 심판은 (중립 / 대립)을 잘 지켜야 한다.

6. 밑줄에 들어갈 어휘를 글자 카드에서 만들어 쓰세요.

❶ 주유비가 적게 들고 주차 공간을 작게 차지하는 경차 의 인기가 높아졌다.

차 경 승

❷ 이곳은 석탄 을 캐던 광산이었는데 지금은 운영하지 않고 있다.

탄 축 석

7. 가로 열쇠와 세로 열쇠의 뜻풀이를 읽고 퍼즐을 완성하세요.

	①초				
②핵	가(家)	족			③승
			④자	동	차(車)
⑤남(南)	북				
반				⑥한(韓)	지
구				식	

가로 열쇠
2 부부와 결혼하지 않은 자녀로 구성된 가족.
4 가스, 휘발유 등을 연료로 달리게 만든 차.
5 남쪽과 북쪽.
6 우리나라 고유의 방법으로 만든 종이.

세로 열쇠
1 짚이나 갈대를 엮어 지붕을 만든 집.
3 차를 탐.
5 적도를 경계로 지구를 둘로 나누었을 때 남쪽 부분.
6 우리나라 고유의 음식.

76 2장 사회 77

3장 복습

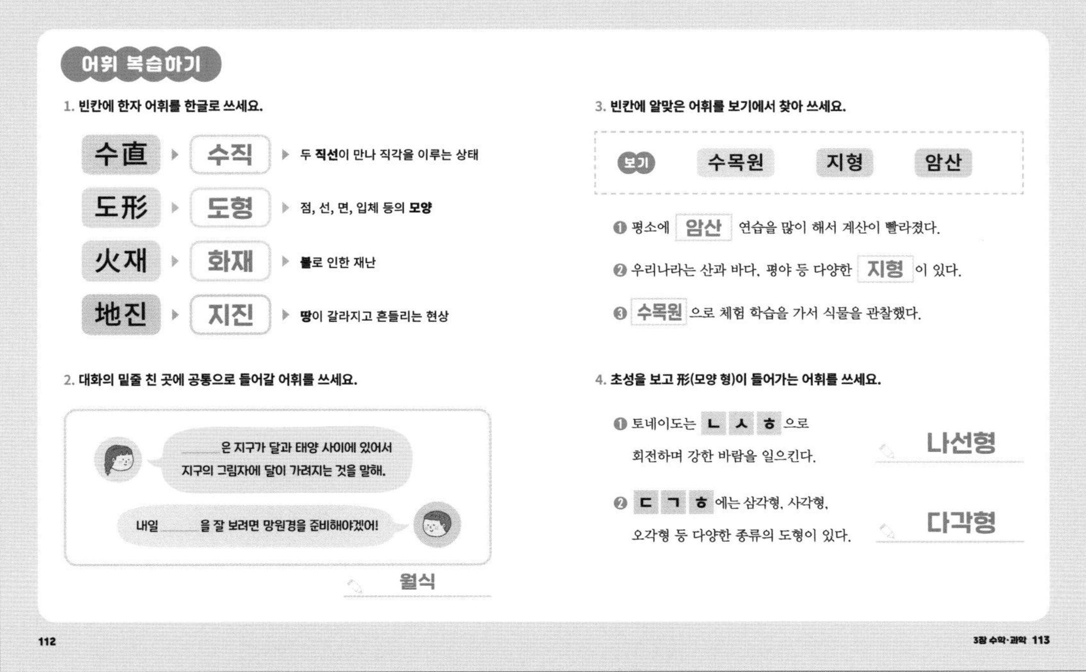

어휘 복습하기

1. 빈칸에 한자 어휘를 한글로 쓰세요.

한자 어휘	한글	뜻
수直	수직	두 **직선**이 만나 직각을 이루는 상태
도形	도형	점, 선, 면, 입체 등의 **모양**
火재	화재	**불**로 인한 재난
地진	지진	**땅**이 갈라지고 흔들리는 현상

2. 대화의 밑줄 친 곳에 공통으로 들어갈 어휘를 쓰세요.

_____은 지구가 달과 태양 사이에 있어서 지구의 그림자에 달이 가려지는 것을 말해.
내일 _____을 잘 보려면 망원경을 준비해야겠어!

월식

3. 빈칸에 알맞은 어휘를 보기에서 찾아 쓰세요.

보기: 수목원 지형 암산

❶ 평소에 [암산] 연습을 많이 해서 계산이 빨라졌다.

❷ 우리나라는 산과 바다, 평야 등 다양한 [지형]이 있다.

❸ [수목원]으로 체험 학습을 가서 식물을 관찰했다.

4. 초성을 보고 形(모양 형)이 들어가는 어휘를 쓰세요.

❶ 토네이도는 ㄴ ㅅ ㅎ 으로 회전하며 강한 바람을 일으킨다. — 나선형

❷ ㄷ ㄱ ㅎ 에는 삼각형, 사각형, 오각형 등 다양한 종류의 도형이 있다. — 다각형

112 　　　　　　　　　　　　　　　　　　　　　3장 수학·과학 113

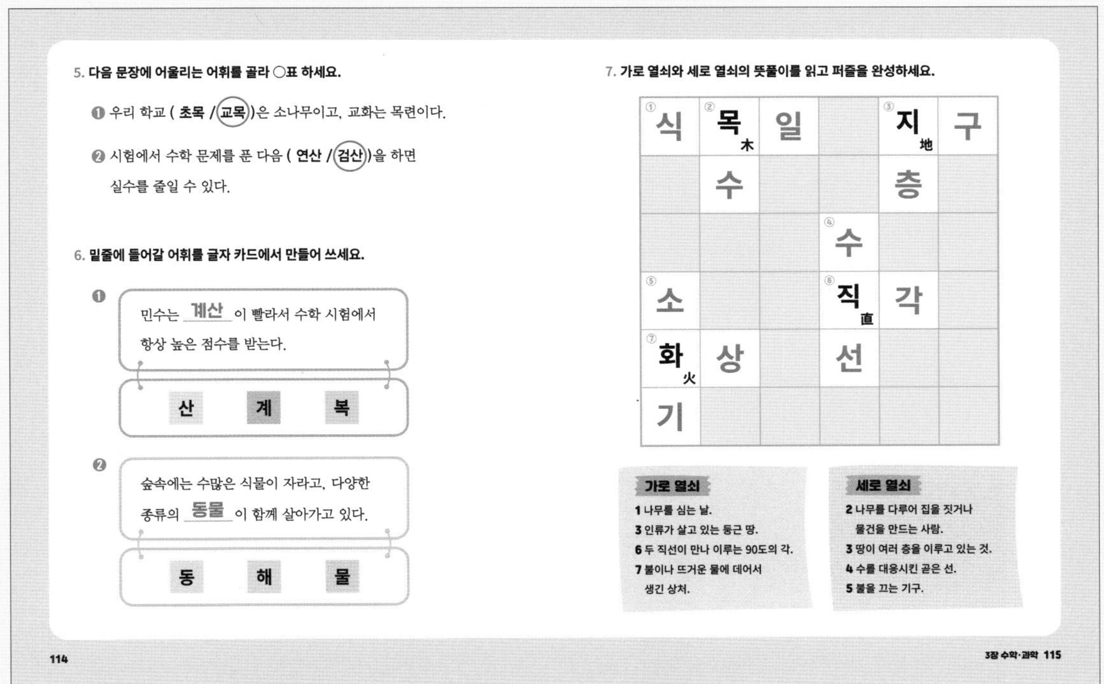

5. 다음 문장에 어울리는 어휘를 골라 ○표 하세요.

❶ 우리 학교 (초록 / (교목))은 소나무이고, 교화는 목련이다.

❷ 시험에서 수학 문제를 푼 다음 (연산 / (검산))을 하면 실수를 줄일 수 있다.

6. 밑줄에 들어갈 어휘를 글자 카드에서 만들어 쓰세요.

❶ 민수는 __계산__이 빨라서 수학 시험에서 항상 높은 점수를 받는다.

산 계 복

❷ 숲속에는 수많은 식물이 자라고, 다양한 종류의 __동물__이 함께 살아가고 있다.

동 해 물

7. 가로 열쇠와 세로 열쇠의 뜻풀이를 읽고 퍼즐을 완성하세요.

①식	②목(木)	일		③지(地)	구
	수			층	
			④수		
⑤소			⑥직(直)	각	
⑦화(火)	상		선		
기					

가로 열쇠
1 나무를 심는 날.
3 인류가 살고 있는 둥근 땅.
6 두 직선이 만나 이루는 90도의 각.
7 불이나 뜨거운 물에 데어서 생긴 상처.

세로 열쇠
2 나무를 다루어 집을 짓거나 물건을 만드는 사람.
3 땅이 여러 층을 이루고 있는 것.
4 수를 대응시킨 곧은 선.
5 불을 끄는 기구.

114 　　　　　　　　　　　　　　　　　　　　　3장 수학·과학 115

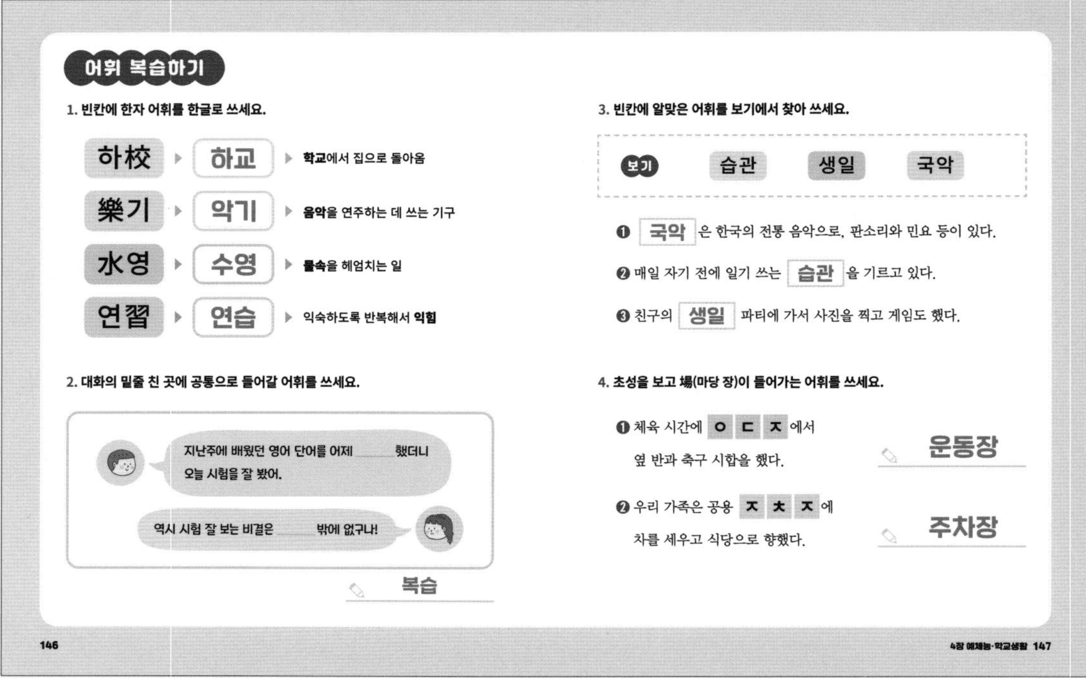

어휘 복습하기

1. 빈칸에 한자 어휘를 한글로 쓰세요.

- 하校 ▶ 하교 ▶ **학교**에서 집으로 돌아옴
- 樂기 ▶ 악기 ▶ **음악**을 연주하는 데 쓰는 기구
- 水영 ▶ 수영 ▶ **물속**을 헤엄치는 일
- 연習 ▶ 연습 ▶ 익숙하도록 반복해서 **익힘**

2. 대화의 밑줄 친 곳에 공통으로 들어갈 어휘를 쓰세요.

지난주에 배웠던 영어 단어를 어제 ____ 했더니 오늘 시험을 잘 봤어.
역시 시험 잘 보는 비결은 ____ 밖에 없구나!

✎ 복습

3. 빈칸에 알맞은 어휘를 보기에서 찾아 쓰세요.

보기: 습관 생일 국악

❶ 국악 은 한국의 전통 음악으로, 판소리와 민요 등이 있다.

❷ 매일 자기 전에 일기 쓰는 습관 을 기르고 있다.

❸ 친구의 생일 파티에 가서 사진을 찍고 게임도 했다.

4. 초성을 보고 場(마당 장)이 들어가는 어휘를 쓰세요.

❶ 체육 시간에 ㅇ ㄷ ㅈ 에서 옆 반과 축구 시합을 했다. ✎ 운동장

❷ 우리 가족은 공용 ㅈ ㅊ ㅈ 에 차를 세우고 식당으로 향했다. ✎ 주차장

146　　　　　　　　4장 예체능·학교생활 147

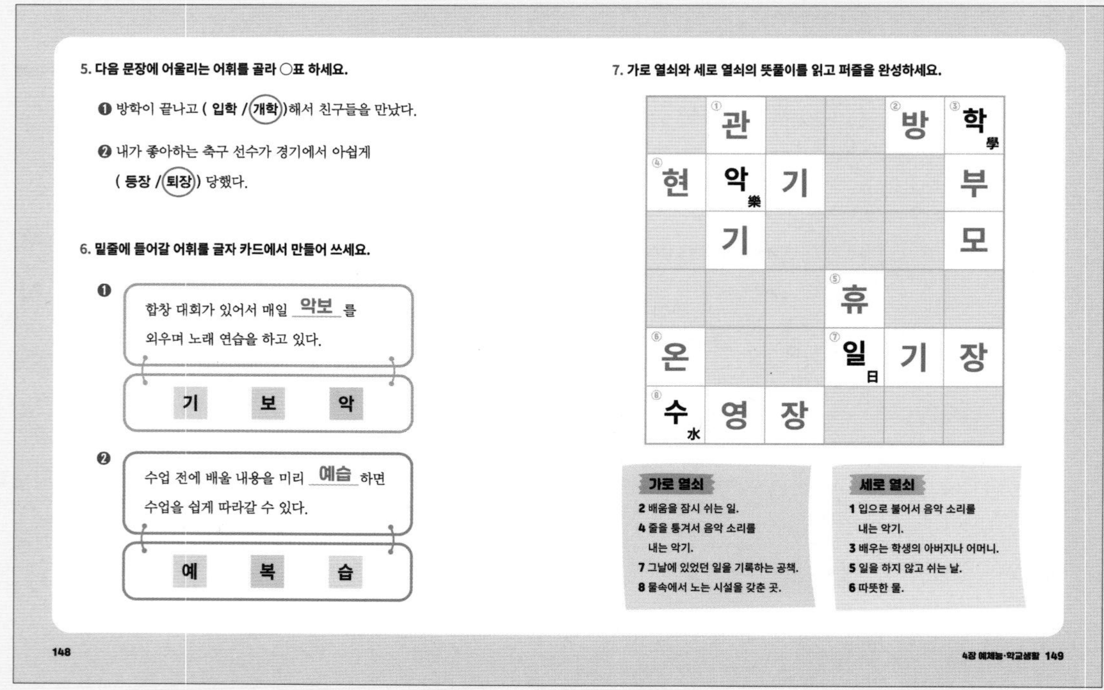

5. 다음 문장에 어울리는 어휘를 골라 ○표 하세요.

❶ 방학이 끝나고 (입학 / (개학))해서 친구들을 만났다.

❷ 내가 좋아하는 축구 선수가 경기에서 아쉽게 (등장 / (퇴장)) 당했다.

6. 밑줄에 들어갈 어휘를 글자 카드에서 만들어 쓰세요.

❶ 합창 대회가 있어서 매일 악보 를 외우며 노래 연습을 하고 있다.

기　보　악

❷ 수업 전에 배울 내용을 미리 예습 하면 수업을 쉽게 따라갈 수 있다.

예　복　습

7. 가로 열쇠와 세로 열쇠의 뜻풀이를 읽고 퍼즐을 완성하세요.

	①관			②방	③학(學)
④현	악(樂)	기			부
	기				모
			⑤휴		
⑥온			⑦일(日)	기	장
⑧수(水)	영	장			

가로 열쇠
2 배움을 잠시 쉬는 일.
4 줄을 튕겨서 음악 소리를 내는 악기.
7 그날에 있었던 일을 기록하는 공책.
8 물속에서 노는 시설을 갖춘 곳.

세로 열쇠
1 입으로 불어서 음악 소리를 내는 악기.
3 배우는 학생의 아버지나 어머니.
5 일을 하지 않고 쉬는 날.
6 따뜻한 물.

148　　　　　　　　4장 예체능·학교생활 149

찾아보기

글 이미선

대학 졸업 후 잡지사와 출판사에서 일하며 서울을 누렸으며,
지금은 제주에서 아이들과 함께 섬 곳곳을 누리며 기획편집자로 일하고 있습니다.
그동안 쓴 책으로는 《국어가 쉬워지는 초등 어휘력 사전》, 《국어가 쉬워지는 초등 맞춤법 사전》,
《하루 10분 맞춤법 따라쓰기》, 《하루 10분 초등 한자 따라쓰기》, 《하루 10분 속담 따라쓰기》,
《하루 10분 초등교과 가로세로 낱말퍼즐》, 《교육용 기초 한자 1800자 쓰기노트》 등이 있습니다.

그림 은소시

대학교에서 디자인을 전공했으며, 편집 디자이너와 일러스트레이터로 활동하고 있습니다.
어린 시절의 꿈을 이루어 일러스트레이터로서의 활동을 이어가고 있는 지금,
꿈같은 시간을 보내고 있습니다. 예쁘고 멋진 그림보다는 사람들에게 기억에 남고
공감을 불러일으킬 수 있는 그림을 그리기 위해 다양한 분야에서 꾸준히 노력하고 있습니다.

하루 10분 초등 문해력 한자 어휘편 1단계

초판 1쇄 인쇄 2024년 10월 5일
초판 1쇄 발행 2024년 10월 10일

글 이미선
그림 은소시
펴낸이 박수길
펴낸곳 (주)도서출판 미래지식
디자인 design ko

주소 경기도 고양시 덕양구 통일로 140 삼송테크노밸리 A동 3층 333호
전화 02)389-0152
팩스 02)389-0156
홈페이지 www.miraejisig.co.kr
전자우편 miraejisig@naver.com
등록번호 제 2018-000205호

ISBN 979-11-93852-16-3 64700
ISBN 979-11-93852-15-6 (세트)